U0535634

观念的形状

文物里的中国哲学

张曦 著

生活·讀書·新知 三联书店

Copyright © 2023 by SDX Joint Publishing Company.
All Rights Reserved.
本作品版权由生活·读书·新知三联书店所有。
未经许可，不得翻印。

图书在版编目（CIP）数据

观念的形状：文物里的中国哲学／张曦著．—北京：
生活·读书·新知三联书店，2023.1 （2024.5 重印）
ISBN 978-7-108-07482-9

Ⅰ.①观… Ⅱ.①张… Ⅲ.①哲学－中国－通俗读物
②文物－中国－通俗读物 Ⅳ.① B2-49 ② K87-49

中国版本图书馆 CIP 数据核字（2022）第 147151 号

责任编辑	王　竞	
装帧设计	薛　宇	
责任校对	常高峰	
责任印制	李思佳	
出版发行	生活·讀書·新知 三联书店	
	（北京市东城区美术馆东街 22 号 100010）	
网　　址	www.sdxjpc.com	
经　　销	新华书店	
印　　刷	天津裕同印刷有限公司	
版　　次	2023 年 1 月北京第 1 版	
	2024 年 5 月北京第 4 次印刷	
开　　本	880 毫米 × 1092 毫米　1/32　印张 8.75	
字　　数	183 千字　图 88 幅	
印　　数	15,001－20,000 册	
定　　价	79.00 元	

（印装查询：01064002715；邮购查询：01084010542）

献给我的女儿不谩

序

林毅夫

张曦是我的一位年轻的论道朋友，今年8月陪伴我到韶关禅宗祖庭南华寺拜谒六祖慧能真身，途中将书稿《观念的形状：文物里的中国哲学》送给我。读后，我欣然答应为之作序，将此书推荐给关心中国文化和民族复兴的各界读者。

中国是世界文明古国之一，是唯一拥有绵延不断文化的国家。在18世纪工业革命之前，有一千多年的时间，中国文化的成就处于世界顶峰。工业革命以后，西方国家科学技术日新月异，经济发展一日千里，中国的经济和国际地位急剧下降，到了19世纪中叶后变成为一个贫穷落后、割地赔款、任人宰割的半殖民地国家。有很长一段时间，不少国内、国外学者把中国的落后归结为中国文化的保守愚昧，认为中国要复兴必须彻底铲除传统文化的影响。

改革开放以来，中国显然并未如上述学者臆想的那样，先进行文化的改造再取得经济的发展。1979年到2021年间，中国国内生产总值年均增长速度达到9.2%，总量增长了43.4倍，成为世界第二大经济体、第一大工业和贸易国，人均GDP从1978年不及撒哈拉沙漠以南非洲国家平均数三分之一的156美元，提高到2021年的12551美元。现在我们比历史上任何时期都更接近中华民族的伟大复兴，并正迈向到2049年把中国建设成富强、民主、文明、和谐、美丽的社会主义现代化强国的新征程。

行百里路者半九十，在新征程上我国也遭遇到了伴随百年未有之大变局和世纪疫情而来的各种尖锐的内外挑战。信心比黄金更重要，习近平总书记指出，文化自信是一个国家、一个民族发展中最基本、最深沉、最持久的力量。面对挑战时如何拥有文化自信？

文化是人类在社会发展过程中所创造的可代代相传的物质财富和精神财富的总和，是经济基础与上层建筑所组成的统一整体。不同的学者因分析的方便，对文化的内涵会有不同的划分，我个人在研究一个国家的发展时喜欢采用费孝通先生的老师——马林诺夫斯基的划分法，将文化分为三个层次：物资的器物层次，经济、社会、政治的组织层次和伦理、价值取向的精神层次。这三个层次与马克思的经济基础与上层建筑的划分有异曲同工之妙。

一个国家的文化，在没有外来文化撞击的时候，其经济基础与上层建筑的三个层次会形成一个自洽的整体。两种文化接触时，先进与落后的标准在于作为经济基础的物资器物层次，而文化的绵延则在于作为上层建筑的核心伦理价值的延续不断。埃及、罗马、希腊、巴比伦，这些都是人类历史上闻名的文明古国，但是今天这些名词对应的仅为政治和经济实体，它们曾拥有的古文化已经消失了，原因在于其上层建筑的核心价值理念被其他文化的价值理念取代而消亡。中国有绵延不断的文化，指的则是过去数千年中，在器物、组织层次不断变化、不断演进的过程中核心的伦理价值理念一脉相承。要拥有文化自信，需要认识到数千年来中国的核心价值理念是什么？如何在中国大地先民的社会上萌发？为何在历史长河中面对分分合合的各种政治、经济、社会挑战仍能历久弥新？

作为经济基础的物资器物层次会决定作为上层建筑的组织和精神层次，上层建筑的组织和精神层次的内涵也会烙印在作为经济基础的器物之上。在《观念的形状：文物里的中国哲学》一书中，张曦以恢宏的视野，创造性地以公共博物馆里展示的自上古到明朝的王阳明这数千年里的72件中国历史文物为载体，用最朴素的现代汉语，围绕18个主题来呈现中国先哲往圣面对着他们的时代最重要的精神难题时，如何以不同于西方文明先贤的求索，回答"人是什么？他们在宇宙中占据什么样的位置？此生的幸福如何获得？死后的归宿又在何处？"。先哲往圣将自己的思考，"视作对'道'的探寻。道，不仅是试图讲给子孙听的条理井然的道理，也是他们希望子孙未来坚守的路"。

此书构思新颖，既严谨又有很高的可读性，是一本理解中国哲学和中国文化的佳作，让读者如同在剧院欣赏典雅的曲目一样，"在目光与文物的接触中，感受器物上隐隐闪烁着的求道故事，触摸那一个个如今已经褪色、但却曾经喧嚣过的思想世界"。相信每一位读者在读完这本书后，都会和我一样，被伟大祖国的悠久历史文化再次震撼，不知不觉中文化自豪、自信油然而生！

2022年9月18日于北京大学朗润园

目 录

序　林毅夫 · I

第一部分　**祖先和我们** · I
　　埋藏 · 4
　　祖先 · 8
　　巫师 · 16
　　天命 · 22
　　哲学 · 30
　　孝敬 · 36

第二部分　**无垠与永恒** · 45
　　天象 · 48
　　宇宙 · 59
　　帝国 · 69
　　仙境 · 84

第三部分　**多元与统一** · 101
　　名教 · 105
　　山林 · 120

　　　　佛陀 · 136
　　　　丝路 · 150

第四部分　**心灵与世界** · 171
　　　　禅道 · 176
　　　　天理 · 191
　　　　圣贤 · 209
　　　　信心 · 227

尾　声　**阳明之后的世界** · 255

　　　　后　记 · 260
　　　　16世纪前的中国哲学脉络图 · 266

祖先和我们

1

1-1 **何尊**（西周）

宝鸡青铜器博物院藏

一座盛酒的西周青铜礼器，用铭刻在底座上的12行122个古老汉字，讲述了一段3000多年前的故事……

何尊（图1-1），一座盛酒的西周青铜礼器，用铭刻在底座上的12行122个古老汉字，讲述了一段3000多年前的故事。

大约在公元前1038年4月的一天，一位名叫"何"的年轻人，随同其他宗室子弟一起，在首都王宫受到周成王接见。成王告诉他们，由于自己的祖父文王受了"天命"，所以父亲武王才战胜了商王，从而有机会向"天"庄严宣告："宅兹中国，自兹乂民。"[1]

这是汉字组合"中国"的最早来源。它的原意是：在"中央之地"定居，从那里治理天下的万民。

武王所说的"中央之地"，并不是一个指示方位的自然地理概念。它是贸易、矿产、运输、信息网络的中心，是政治和军事实力的中心，是王朝血脉祭祀和传承的中心。[2]

非要以哲学的方式表达，我们就可以说，"中央之地"是一张"存在之网"的中心，无数相互依存的人将自己的生命和生活牢牢挂在上面。

武王克商之后的3000年中，"中央之地"的自然地理位置和规模尺度不断变动，但"使华夏民族的所居之地成为天下的中心"，这个念头却从来不曾消散。

在时光的熔炉里，"宅兹中国"不再是姬姓氏族内部传承的嘱托与教诲，而早已化作中华民族的集体意识和共同信念，成为我们与祖先跨越时空的约定。

埋藏

我们的祖先制作器物，最初的目的，是为了生产和生活的便利。中国国家博物馆藏有三件旧石器时代的石锤和石砧，就是这样的生活器，它们距今已逾42万年之久（图1-2）。但我们的祖先并未止步于器物的适用性，他们的思想不断发展，情感日益复杂，知识、信仰、理念在头脑中日益累积。最终，他们借助自己灵巧的双手，将各种各样的物质材料，改造成了文化和精神的载体。我们的祖先无比珍视这些器物，视其为宝物，就连死后也不舍与之分割。这些承载了他们复杂情感和思绪的物质寄托，被埋入地下，许多个世纪后，成为了博物馆里的"文物"。

世界上没有第二个文明，像古代中国文明那样，热衷于

1-2 **石锤和石砧**
（旧石器时代）

中国国家博物馆藏

1-3 桥头遗址出土墓葬及陪葬品红衣彩陶

（上山文化中晚期）

目前考古发现的属于我们祖先的最早陪葬品，希冀死者在身后世界得享幸福

在地下世界埋藏如此众多的宝物。历朝历代的王公贵族，不仅将无数构思繁复、制作精巧、耗资惊人的人工制品埋藏于祖先或者自己的安息之地中，甚至也一度热衷于将活人活物作为葬品。凡夫俗子同样概莫能外。只要还有一丝财务负担能力，他们也会乐此不疲营建规模略小的坟墓。[3] 无论贫富贵贱，古代中国人都向往着"葬品自由"。

从目前的考古发现来看，属于我们祖先的最早陪葬品，2019年才发现。它埋藏于浙江宁波上山文化遗址的一座墓葬中，是一件红衣彩陶，距今不到9000年（图1-3）。

从上山文化这件孤零零的红衣彩陶，到一个更加复杂庞大的地下"葬品世界"的出现，要再等上四五千年。直到"文明"像"满天星斗"一样，在我们所熟悉的这片中华土地上诞生、裂变、撞击、融合。[4]

山西襄汾陶寺村的土地上，就曾生长过这样一个文明。已发掘出的遗存中，不仅有宫殿、王陵、城墙、贵族墓、礼制建筑，甚至还有一座堪称全球最古老的观象台。这些都说明，一个强大的普遍王权曾在陶寺人群中存在，它组织生产、营造宫室、兴修水利、征战杀伐，并且维系王权之下那个复杂社会的贫富差距。

在陶寺这个文明化了的复杂社会中，大部分人注定要替小部分人无休无止地劳作。正是依靠着等级化分工和奴役性劳作，陶寺社会才形成了经济学家所说的"社会剩余"。小部分人在享受闲暇和优雅的同时，无意间也将隐藏在人类精神世界深处的无穷奇妙潜力，以艺术、宗教和哲学的形式表达出来。文化最终被凝结成繁复多样的人工器物。

享受着"社会剩余"的陶寺贵族并不吝于炫耀。出土的贵族大墓中，随葬品动辄一两百件。不仅数量十分惊人，而且材质和器型也很丰富。漆木、陶、玉、石、铜广泛使用；灶、罐、壶、瓶、盆、盘、豆乃至鼎和斝等等都可见。除此之外，还有中国最早的石制特磬、最早的鳄鱼皮鼍鼓、最早的复合范铜铃。援引考古学家的观点，"后来商周贵族使用的礼乐器，有不少在陶寺都邑已经现身"。[5]这是中华"礼乐之邦"的雏形。

但埋藏行为并非没有代价，陶寺人的付出就相当不菲。

器物的掩埋，本质上就是人力的掩埋。日益庞大复杂的随葬品，显示出陶寺贵族对如何安顿死后生活颇感不安。在这种不安的驱动下，陶寺的地下世界像一个无情的抽水泵，吸走一代代陶寺底层劳作者的时间和体力，使它们消耗于无形，却不给半点回报。

1-4 **蛋壳黑陶高柄杯**
（龙山文化）

中国国家博物馆藏

蛋壳黑陶高柄杯精美、脆弱而易碎，所耗人力工时可想而知。究竟是什么信念，驱动了古代中国人以非凡决心将它们埋藏起来？

也许是贵族对人力的无尽消耗将那群生产"社会剩余"的人逼得走投无路，公元前2000年左右，一场血腥风暴终于在陶寺掀起。源于仇恨的残虐凶杀现场，令4000年后的子孙挖掘时都仍感心悸。某种无名的强大力量明显故意捣毁了众多贵族墓地，随葬品连同故人的遗骸被肆意抛弃。从此，陶寺的地下再也没有埋进精美的器物。又过了百余年，这个文明彻底在历史中消失。

陶寺贵族并不是唯一的埋葬爱好者。略早些的龙山人也曾制作出不可思议的蛋壳黑陶高柄杯（图1-4），所耗人力工时更是可想而知，但随葬掩埋的时候也毫不手软。至于后来的二里头文明和二里岗文明，随葬品规模越来越惊人。到了殷墟晚商文明，妇好墓里出土的，竟然是成组成套的大型青铜器、象牙器、玉石器。制作这些器物中的任何一件，都需要成百上千人有组织、有计划、有目的地劳作许多时日。

那么，究竟是什么信念，驱动了古代中国人，以非凡决心将这些凝聚着无穷人力的器物埋藏起来？合理的推测只有一个：那就是他们一定相信，对于生活于幽暗地下世界的故人来说，这些器物同样重要。

因为逝者将成为活人的神灵。

祖 先

祖先是故去的先人。可是，故去的先人又是什么？是精灵，是神仙，还是烟散寂灭的不存在？他们住在天上，住在地下，还是早已化作万法世界外的空无？

1-5 带"类文字"的扁壶残件
（陶寺文化）

临汾市博物馆藏

　　成为祖先的道路是一条单行线，没人能从那里活着回来。所以，这些问题永远无法获得确切的答案。但古代中国人并未因此放弃思考。他们依靠充沛的想象力，将对人性的恐惧与期待、幻灭与希望，统统投射进想象性的答案中。

　　迄今为止的考古除了偶尔发现陶瓷碎片上的"类文字"（图1-5），还没有看到商代以前确凿的文字材料。因此，尽管有像上山红衣彩陶和龙山蛋壳黑陶这样显然凝结了复杂思想的器物，但只要缺乏同时期文字材料佐证，我们对它们的感知和理解就始终只能停留在推测阶段。

今天能够看到的最早汉字,描刻在动物的甲骨上。商王就曾经通过这些甲骨与祖先沟通:每当遇到困惑,商王就会让"贞人"烧灼甲骨;甲骨上产生裂痕后,"卜人"再对其加以释读,然后做出预言;之后,预言被描刻到这块甲骨上,成为"卜辞";最后归档以备日后查询。[6]

从众多流传下来的甲骨卜辞记载来看,商人所想象的神灵世界相当拥挤,是一个多神论的三层结构。第一层是"天神",其中至高的神被称为"帝"。帝像人王一样,有自己的办事机构"帝廷"。帝的臣工们在此掌管日月星辰、风雷雨电、冰霜雪露等一切自然现象。第二层是"地示",主要是一些精灵般的存在,游荡在山川林泽、四方百物之中。第三层是"人鬼",也就是故去的祖先。[7] "天神、地示、人鬼"的三层神灵世界结构,自商代形成后就稳定了下来,一直到春秋时期也没变。

商王极其痴迷祭祀。中国国家博物馆有一块"甲骨之王"(图1-6),它可能取材于已经灭绝的动物圣水牛的肩胛骨,正反两面刻满了卜辞,记录了商王武丁在两个月之内四次占问神灵"十日之内是否有灾祸"的事情。卜辞中甚至还记录了甲骨占卜的完整流程,即便在原藏主罗振玉先生的三万多片甲骨中,也属极为罕见的精品。

随着时间的发展,不确定性也多了起来。因此,商王的祭祀需求不仅没有降低,甚至还日益高涨,以至到了晚商时期发展出了"周祭"。一年之内周而复始、日日不断。祭祀的对象大部分时候是祖先神灵,偶尔也包括天神、地示。无论大事还是小事,商王不厌其烦地想与神灵取得联系。从自己为什么牙

> 商王极其痴迷于占卜，无论是国家征战还是牙疼，都要烧个甲骨，咨询祖先的意见

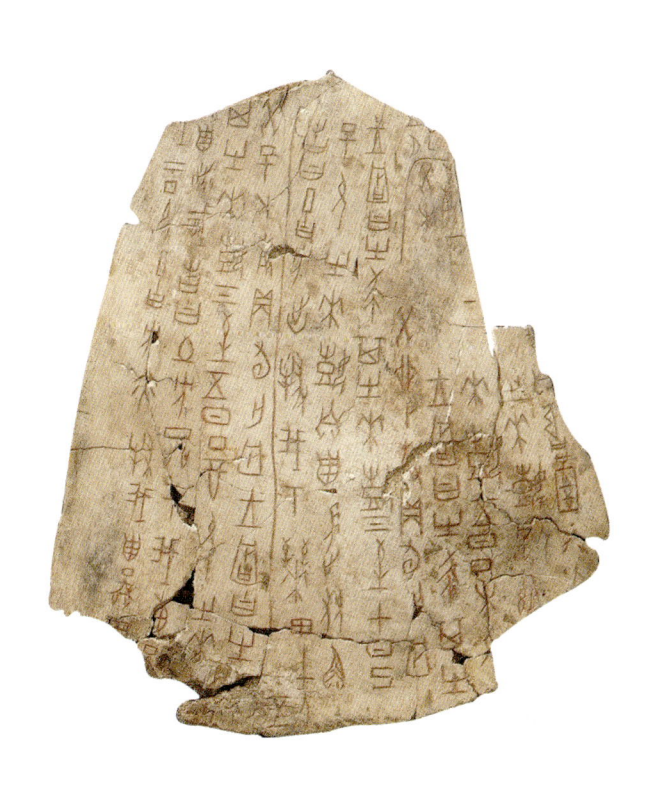

1-6 土方征涂朱卜骨刻辞
（商）

中国国家博物馆藏

疼，到关乎国家安全的祀戎大事，都要问一问祖先。他们相信，故去的祖先会通过甲骨裂痕，将神灵世界的秘密悄悄告诉自己。

商代祭祀方式主要有伐鼓（乡）、舞羽（翌）、献酒肉（祭）、献黍稷（赏）、合历代祖先并祭也就是大合祭（酋）五种。[8] 从中可以看出，商人观念中的神灵不仅有听觉、听得见鼓声，有视觉、看得到舞蹈，而且有味觉、能够品味酒肉黍稷。[9] 和活着的商王一样，祖先在神灵世界中依然保持着充分的感受力。

祖先不仅可感，而且有情，生活在一个复杂的人情环境里。这一点我们从商人对待至高神"帝"的态度就可见一斑。殷商卜辞研究早已发现，酷爱祭祀的商人，却"没有祭祀上帝的卜辞"。[10] 这是为什么？

因为在商人的眼中，难以揣度的帝，可能法力过于强大，所以不能由人直接联系。[11] 一旦遇到求取风调雨顺、国家福佑之类的事情，商王必须通过祭祀，先联系上自己的祖先，然后通过祖先的渠道去"说情"，才能间接把意思转达给帝。这就是卜辞"宾"的含义。

后世也有宾礼。但如《周礼·春官·大宗伯》所示，周代以后，宾礼主要指的是四方诸侯或其遣使觐见周天子的礼节。殷商卜辞所说的"宾"，指的却是祖先在神灵世界里彼此做客，或者祖先到帝那里去做客的意思。

由此可见，做客是一种特权。大地之上的万民中，只有商王的祖先和早期商王的重臣，才有资格死了以后在帝的身边做客，接受帝的命令。[12]

正因为拥有在帝的身边做客的资格，商王统治才有了来源于神灵世界的合法性基础。

虽然祖先是联通无所不能的帝的唯一通道，但商人竟然也没有将自己与祖先的关系想得太过乐观。一丝怀疑和敌意也悄悄埋伏在卜辞中。商人觉得，离自己越远的先公高祖（也包括远古时代就已存在的山川精灵），越有可能赐予活人福佑；而离自己越近的先王先妣和故旧重臣，则越有可能搞怪作祟。所以，大事要询问远祖，小事则麻烦近祖。求风调盼雨顺，祭祀遥远的先祖应该不会有错；而牙疼不顺时，烧个龟甲问问先王先妣就十分必要。在这种观念映照下，鲁文公借口"新鬼大，故鬼小"，将他的父亲僖公的排位插到先君闵公的前面（《左传·文公二年》），确实就有点儿"观念发明"的意思了。

通过对卜辞的统计学研究，"先公高祖"和"先王先妣"的划分界线，大约在商王上甲那里。[13] 也有学者认为，统计结论未必描述的是精确实情，商王上甲在商人心目中不一定就是祖先慈祥与狰狞的分水岭。[14] 但商人眼中的祖先，既可能降福，也可能作祟，这一点是得到公认的。

这种对祖先的奇怪认识，导致商人在面对他们时，态度有些微妙。明面上，由于缺乏直接的沟通渠道，所以商人需要祖先施以援手，到帝的面前代劳做客说情，但暗地里，商人又疑心祖先是作祟的根源，觉得他们顽固暴躁、心意莫测，所以必须在某种程度上加以控制和约束。这种既要利用、又要防范的态度，在祭祀的实践中发展为哄骗和安抚"两手都要硬"的做法。

哄骗就要谄媚。事无巨细地占卜祈祷，反复征求祖先对生民世界的意见；源源不断供奉好听的鼓声、好看的舞蹈和好吃好闻的酒肉黍稷；[15] 将成组成套精美绝伦的青铜酒礼器

1-7 妇好青铜鸮尊（商）

中国国家博物馆藏

在商人眼中，"祖先"既可能降福，也可能作祟，必须用好吃的、好看的、好听的去哄骗他们。商代青铜器有着浓厚的"酒"风格，这件青铜鸮尊即为一件猫头鹰状酒器

(图1-7)或随葬于地下,或摆放于宗庙深处,供祖先在看不见的地方凝视、品闻、享用。所有这些,都属于谄媚之道。

有时候,谄媚甚至能达到"贴心"的程度。比如说,某些摆放于宗庙的重要青铜礼器,会随新故商王一起下葬。原因就在于,在商人的想法中,新故商王即使到了神灵世界,依然需要祭祀(谄媚)自己的祖先。

安抚自然也不能少。最好的安抚之道,当然就是在频繁举行的祭祀中,不断劝说祖先尽可能变得优秀称职。为此,祭祀的频率固然重要,效率也很关键。因为,祖先实在太多,不可能花时间逐一说服。如何才能使劝说工作进展顺利呢?就是前面提到的"宾"的观念。或许是原始的血缘亲疏意识带给商人终极灵感,他们想象出一套按熟悉度排序的祭祀行动原则。[16]

先是生王举行祭祀,劝说自己最熟悉的已故血亲。这是生民世界与神灵世界的沟通。下一步则完全发生在神灵世界内部。被说服了的先王先妣会进一步去自己的血亲先人那儿做客(宾),努力说服他们。这样,劝诱的工作就像多米诺骨牌一样,在神灵世界中一级一级地触发,直到帝本尊为止。商人希望通过这样的游说,提醒各级祖先认识到"自己已经成神",从而端正举止,变得更加受控、温和、关切后代、有利生者。[17]

商人将祖先想象得专断、冲动、任性而难以理喻,同时却试图以原始性的狡黠去跟想象中的他们打交道。西周以后中国人对待祖先的那种亲和与虔敬,在商人的复杂态度中实在显得有点儿罕见。

其实,如何思考和想象祖先,并不会暴露祖先在神灵世界的处境,但却反映出生者自己心灵的状况。商人的不安体现出他们面对未知时的恐惧、疑虑与担忧，以及人际关系中的机会主义态度。一种更温和的想象祖先的方式还要等上很久才会出现。到那时，中华民族的第一缕哲学之光也会绽放。

巫师

在商周时期特别是周初之前，中国人的思维世界还不太区分神话与真实。或者更准确地说，我们今天看来属于神话元素的东西，在我们祖先的眼里，其实就是世界的真实样子。对商周人来说，世界的实在结构包含了凡人生活的生民世界和祖先栖息的神灵世界。因此，与祖先所在的神灵世界取得沟通虽然不易，但绝非不可能。全部的困难只是在于如何找到从生民世界通往神灵世界的技术手段。

2500多年前的一天，楚昭王正在读《尚书·周书》。他遇到了一个难题，于是求教自己博学的大臣观射父：为什么《周书》中提到颛顼的两位大臣重、黎，做了"使天地不通"这件事？

观射父告诉楚昭王，上古时代有一种人，他们精明能干、中正专一、心无杂念、智慧通达、明鉴如神。他们就是巫师。巫师职业性别友好，区别只有名称，女的叫"巫"，男的叫"觋"。真正的巫师拥有一种特殊能力，就是通过举办庄严神圣的祭祀仪式，使神灵下附到他们身上。靠着巫师这个神灵与凡人的中介，上古时期的生民和众神就可以保持各自的生活方式，分居在两个互不干扰的世界中。一切都井然有序，不至于混乱。

但是到了少皞时代，可能是南方野蛮人（南方九黎）趁着中原衰乱带来了什么新的通用技术，竟然使人人都拥有了巫师的能力。他们随意降神，导致生民与神灵的关系娱乐化，变得很不严肃。民众因此失去敬畏之心，"夫人作享，家为巫史，无有要质"。神灵由于受到不必要的干扰，甚至常常被亵渎冒犯，所以也不再赐予生民福佑。世界秩序因而被颠覆破坏。重、黎实施"绝地天通"政策，就是要重归上古正道，恢复生民与神灵世界的各自秩序和健康关系。

楚昭王的提问，其实还有一层困惑："绝地天通"，是不是就意味着凡人不能再像以前那样登天了？观射父明确给予否认。原来，"绝地天通"政策终止的是凡人随意召唤神灵的行为，却并不影响"真正的巫师"继续作为生民世界和神灵世界的中间人。实际上，重、黎"绝地天通"的目的，恰恰就是"让专业的人做专业的事"。

楚庄王与观射父的这场对话，记录在《国语·楚语》中，也是中国古代文献所记录的最早、最重要的有关上古"巫觋"的信息。但从器物上看，也许巫觋文化最早可以追溯到仰韶文化时期。陕西灞桥半坡遗址出土的人面鱼纹彩陶盆上画了张人脸，其双耳侧都有鱼纹样（图1-8）。张光直先生就曾援引玛丽莲·傅的观点，认为这个形象应和号称"巫觋之书"的《山海经》所记"珥两蛇"之说，因此判断画的是巫觋的形象。[18]

不管这个推测的合理性有多大，有一点明确无疑，那就是从新石器时代的陶器到商周青铜器，以至于更晚时期，动物形象都一直是中国古代艺术品的重要母题。与原始文化中对自然动物的简单再现表现形式不同，商代以后的青铜器表面经常

> 巫师是上古时代拥有知识的精英，是生民世界与神灵世界的中间人

1-8 **人面鱼纹彩陶盆**
（仰韶文化）

中国国家博物馆藏

使用一些十分夸诞的兽面纹。由于《吕氏春秋·先识览》中有"周鼎著饕餮"的明确说法，所以宋代以后经常将兽面纹统称为"饕餮纹"。但实际上，商周青铜器动物形象品目繁多，花样迭出，可以约略概括为两类。一类是自然界可见的动物，如牛、羊、猪、虎、熊、马、兔、蝉、鱼、龟、蟾蜍等等。另一类则是神话动物，常见的有饕餮、肥遗、夔龙、虬四种。[19]

不管是自然动物还是神话动物，出现在商周青铜礼器上的原因，并非由于当时的人都是环保主义者，酷爱动物。起码商代晚期以前的动物形象经常面目狰狞、令人敬畏，毫无可爱之处。

对动物温和而充满欣喜感的表现，要到比较晚的时候才会出现在青铜器上。等到春秋时期，动物形象不仅生动活泼，还妙趣横生，非常萌。比如说制作于春秋早期的水器"子仲姜

盘",盘内安排有31个水生动物,其中11个使用了圆雕技术,可在盘底旋转,仿佛动物们在水中自在游弋(图1-9)。

从商到春秋,青铜器上动物形象的萌化,当然离不开美术工艺和表现技术的突破,但起决定性作用的,是制器人对待动物的看法发生了改变。正是这一点,对于我们理解上古巫师这个职业至关重要。

商周青铜器上的动物,担负着一个重要而特殊的工作,就是在祭祀的时候,要帮助巫师"登天"。[20] 我们甚至可以说,祭祀中所使用到的几乎所有动物实体(即"牺牲")或形象,发挥的都是"交通工具"这一功能,搭载巫师穿梭于生民世界和神灵世界之间。

动物之所以是巫师登天的帮手,源于"萨满术"这种人类

此时的青铜器上,动物形象不再如之前那般面目狰狞,而是生动活泼,妙趣横生

1-9 **子仲姜盘**(春秋早期)

上海博物馆藏

原始的精神感受方式。我们在此要注意区分"萨满教"和"萨满术"。"萨满教"指的是一种起源于西伯利亚地区的宗教形式;"萨满术"指的则是原始人类借助酒精、音乐、麻醉剂等技术手段,获得某种幻觉性体验(包括幻视、幻想、幻听等等),以至于他们自认为已经进入神界。如宗教学家伊利亚德所表明的,"萨满术"是普遍的原始人类精神现象。[21]

所以,供奉于祖庙的青铜器上的动物纹样,并非只有装饰意义。相反,改变时空就能将它们激活。当然,具体技术只有真正的巫师才能掌握。巫师宣称,当生民世界与神灵世界之间的联通门在萨满术的想象中打开时,自己会驾驶着这些神奇动物去往祖先所在的地方。

为了达到萨满术的致幻效果,除了击打出能够蛊惑意识的音乐,巫师还会在祭祀仪式上饮用很多酒。出土商代青铜礼器群中比例惊人的酒器就说明了这一点。此外,他们也可能会摄入诸如迷幻蘑菇的自然致幻剂。如果所有这一切还不能保证巫师完成想象中的飞升,没关系,将动物帮助自己登天的动感姿态描刻在青铜器上。

虎食人卣(图1-10),一种青铜酒器,造型十分奇特。一头虎口衔人头,人则紧紧抱着虎,动态感十足。过去很长一段时间,人们认为这具青铜器的含义是虎在吃人,并据此给它起了器名。但认真观察不难发现,人头的面部表情从容淡然,并没有流露一丝慌乱。鉴于整具卣杰出的制作工艺,显然不能说这是因为制器人没有能力表达将死之人的情绪。"虎食人"的说法恐怕站不住脚。

类似于虎食人卣这样的动物头夹人头造型,在商周青铜器

1-10 "虎食人"卣（商）

日本泉屋博物馆藏

虎口衔人头，这是在表现"食人"的主题吗？为什么他的表情如此从容镇定、坦然享受？

中并非特例。我们所熟悉的后母戊大方鼎鼎耳处的"两兽口夹一人头"造型，就是另外一个著名的例子。它们到底是在表达什么意思？按照张光直先生给出的非凡解释，[22]所有这种兽口夹人头的图形，其实都不是在表现"食人"主题，而是动物们正张开大口，嘘气成风，帮助巫觋飞升登天。因此，那颗镇定淡然的头，属于一位正要御气远行的巫师。

巫师驾驭着神奇动物，奔波于生民与神灵世界之间。有的时候，商王这位全国最大的巫师会亲自出面，去哄骗、安抚自己的祖先。诡谲之处在于，每当巫师或商王宣告自己从神灵世界带回了有关如何治理生民世界的命令，他们实际上不仅在头脑的幻想中打通了两个世界的交通线，还无意间透露出一个至关重要的秘密，那就是：神灵关心生民事务。许久之后，当最后一个商王——纣王日益失去治理国家的能力时，一个根植于这一秘密之上的新观念悄然崛起。

天　命

商人经常举行祭祀，通过祖先游说帝。但是他们并不知道帝究竟住在哪里。在他们的观念中，神灵世界既无处不在，又居无定所，而自己的祖先则与其他众多神灵混住杂居。这是一幅"人—祖—神"界限极为模糊的世界图景。

"人—祖—神"的混居想象，不仅仅是商人萨满式精神生活方式的后果，在当时还具有实际政治意义。这种混居是排他性的。有资格参与其中的"祖先"，并非一般的"人鬼"，而是先公先祖、先王先妣、股肱重臣这样的已故大贵族。于是，从神灵世界的"帝廷"到生民世界的"王廷",帝的命令只有一条传达通道。能够承接住帝命的,只有王廷的主人:商王。

公元前1046年,一个甲子日的清晨,木星到达天空的正南方。商纣王帝辛在牧野之战失败后自杀身亡。商人的王廷不复存在,他们的祖庙也失去了国家事务中心的地位。周人将这件事记录在檀公簋上(图1-11)。[23]

在近600年的有效统治中,商人依靠先发优势,确立起许多观念,特别是至关重要的"人—祖—神"观念。周建立后,这些观念继续作为生民世界的意识基调,帮助他们理解世界和自身。但这种文化惰性,很快就使初掌权柄的周人面临巨大的政权合法性危机。

毫无疑问,商人观念中的祖先指的是自己的子姓祖先。但是,姓姬的周人接管政权后,难道陪伴在帝身边的依然是那些子姓祖先?难道周王承接神灵世界的帝命,依然要靠子姓祖先的中介?果真如此的话,与周人没有血缘关系的子姓祖先凭什么要眷顾姬姓子孙?更重要的是,顺着这个逻辑,广大殷商遗老自然要问,既然帝廷的状况一切如初,那么生民世界为什么不能再给子姓氏族一个机会,而非要让那些在神灵面前显得来路不明的姬姓氏族承接帝的授权?

在这些问题的刺激下,武王去世后,帝辛的儿子武庚率领殷商遗老发动了一场叛乱。尽管叛乱本身并不成功,很快就被镇压,但这也使周人充分认识到,不对这些问题有个说法,周王是没有办法执政下去的。

周人想出了两个办法。

第一个办法是接续商人构造的"人—祖—神"混居式神

簋上的铭文，记录了商朝的最后一天。从此，商人的王廷不复存在

1-11 檀公簋（西周）及铭文拓片

中国国家博物馆藏

话，想办法在帝廷里塞进自己的姬姓祖先。《诗经》记载了周人在这方面的努力。比如，《大雅·文王》直接将周文王巫师化，取代了商王祖先，宣布文王辅佐在帝的左右，升降往来，穿梭于人神之间。[24]

在《鲁颂·閟宫》这首《诗经》中最长的诗里，周人则费尽心思，构造了一个从源头到有周400年间"传承有序"的姬姓宗谱，将周人的始祖追溯到姜嫄和后稷母子。

根据这首诗，姜嫄原本无子，但经常祈祷祭祀。有一天在郊野，姜嫄看到帝的脚印，就踩了上去，于是怀孕，生下后稷。后稷出生时，异象频繁，连他的生物学父亲"帝"都受到惊扰。姜嫄感到害怕，扔掉了后稷。可是后稷毕竟血统高贵，所以始终受到牛羊鸟兽庇护，性命无虞。稍微长大一点，他又立即显露出自带的农业开发本领，种瓜得瓜、种豆得豆，很快就繁衍出家族，成为姬姓始祖。不仅如此，后稷还发明了姬氏祭祀法，让帝感到十分满意。

在这个"起源神话"中，我们看到了一幅商人想都想不出来的神灵世界模样。在商人的子姓祖先陪伴帝于帝廷的同一个时间线上，一个隐蔽的时空里，周人的姬姓祖先正悄悄完成他们自己的祭祀，并且同样让帝感到满意，从而为几百年后帝改变心意、王权更替埋下了伏笔。

这个扩充帝廷规模的解题思路看似有效，实则漏洞百出。其中最关键的是，如果帝在接受子姓祖先陪伴的同时，还秘密接受了姬姓祖先的陪伴，那么谁知道帝的身边还埋藏着多少个自负且充满野心的祭祀家族？如果随时可能有新的家族站出来，宣称自己也是帝在生民世界的血脉延伸，周人的江山岂不是更加难以坐稳?

也许正是深刻洞察到这些困难,周人很快就放弃了这个思路。他们极有天赋地想到第二个办法。这就是重新诠释"人—祖—神"关系,重构生民世界与神灵世界的联络方式。为此,周人发明了"天"的观念,代替商代的"帝"观念。[25]

以今天的眼光来看,商周之间的冲突,本质上只是同一文明内部不同地域族群之间的斗争,并不是"文明的冲突"。周人长期居住在"大邑商"的西边,虽然拥有自己的亚文化,但对"大邑商"的都市文化其实更加渴慕,所以很乐意采取商人的习俗,模仿商人的生活方式。艺术史学家通过考察先周时期的艺术品,发现周人在克商之前的几十年内,已经大量模仿吸收了晚商青铜礼器形制,将其简化后融入自己的陶制礼器组合中。[26]

然而,对当事双方来说,这场冲突的性质却实在令他们感到困惑,甚至有些难以理解。司马迁在《史记·周本纪》中,极为生动地记载了武王克商后的心理状况。彼时,号称蒙帝眷顾、强大而威猛的商王,竟然在周人的进攻中轰然崩溃、自焚身死。速度之快令武王都深受刺激,不禁感慨万分、惊讶不已。武王既不能理解商的失败,也不能理解周人胜利的深意。于是他辗转反侧,夜不能寐。[27] 由于缺乏先进的历史哲学工具,这些困惑还不能在很高的理论水平上获得解决,但武王已经充分意识到,周人有必要向所有人表明,自己推翻商王统治的行为为什么合乎情理,以及新政权究竟该以什么样的原则来施政。

武王已经没有时间完成这项重任。克商后两年他就去世了。重任交到了千古流芳的贤能忠臣周公旦的手中。经过平定武庚叛乱这样的插曲后,坐稳了江山的摄政大臣周公决定发布一篇诰文，全面回应那些妄图复辟的潜在政敌。在《尚书·多士》中，周公以成王的名义告诉殷商遗民：我们小小一个周国，之所以敢干出挑战"大邑商"的事，并且最终取得胜利，并不只是因为我们本事很大，更是因为我们奉了上天的意旨。你们之所以遭受亡国大祸，完全是因为时运不好。[28]

那些长期沉浸在"帝命所托"光环中沾沾自喜的殷商遗老，第一次听到有人说自己"时运不好"，第一反应想必是万分错愕的。但周人为了摧毁商人心理优势而发布的诛心诫命还在继续：上天之所以改变心意，将曾经托付给商人的命令重新托付给周人，根本原因就是因为你们酗酒无度，冲撞了上天。

饮酒无度，举止悖戾，从而得罪于帝，导致时运迁移，天命变化，重新托付给帝更满意的周。这是周人经过深思熟虑后给出的有关商政权灭亡原因的说法。大量西周早期青铜礼器，包括本章开头提到的何尊铭文，以及周康王时期所制大盂鼎（图1-12）上的226个字，反复叙说着周人概括出的这条历史经验。[29]大概因为商人饮酒无度导致丢失政权的教训太过深刻，西周祭祀用的青铜器组合，也从"酒器风格"切换为"食器风格"。

周人说自己是因为敬奉天命而伐商成功的，这个说法在当时实属新奇。特别是，周人所说的"天命"概念中，其实包含了商人的帝命概念所没有的要素，那就是"天命靡常"。[30]对于商人来说，帝命存在移易的问题，他们从来就没想过。但对于周人来说，天命如果不能移易，那么打破旧世界、建立新政权的行动就无法理解，姬姓政权替代子姓政权就没有正当性。所以，对于周人来说，天命不仅可能"靡常"，而且

鼎内226字的铭文，反复诉说着周人概括出的历史经验

1-12 **大盂鼎**（西周）及铭文拓片

中国国家博物馆

28

必须"靡常"。

"天命靡常"观念赋予了统治权以活动性。但这只是周人自我正当性解释的第一步。更进一步、也更加重要的一步是，要解释"靡常"的天命为什么此刻就应当握在周人的手里，而不应流落到殷商遗民或者别的氏族身上？

早在武王伐殷的时候，周人就举起了"民意"的大旗。克商胜利后，政治家周公的杰出智慧就表现在，尽管商人努力将子姓统治权与帝命捆绑在一起，但周人非但没有将"民意"摆在帝命的对立面，没有喊出"我命由我不由帝"这种逞匹夫之勇的空话，反而创造性地将帝命与具体统治者相剥离，将其重新与"民意"融合到一起，创造出以"民意"为基础的"天命"观念。周人想说的是，民意就是天命。

商人在想象的帝廷中领取神灵命令时无意透露了神灵关心人间的秘密。现在，这个秘密被周人转化为了革命行动正当性的根据。《尚书·泰誓》喊出了振聋发聩的那句话："天视自我民视，天听自我民听。"天也好，帝也罢，都只会按民意来发布命令。从此，一个不仅关心生民世界，而且以生民世界的福祉为统治权力授命根据的"天"，取代了商人的"帝"，出现在中国人的观念谱系中。

伴随着"天"和"天命"概念一起出现的，还有"德"的观念。就周人确立起的天命观念来说，"命"和"德"可以说是同一件事的两个侧面。假如说"天"是因为人王爱民如子，而将在地上为王的天命授予他们；那么，人王如果想要"得"到"天"的授命，自然也就必须拥有按照民意施政的能力和品质。《说文解字》说"德者，得也"。所以，人王要想从"天"

那里"得"到天命，自己就必须首先成为有"德"之君。

这样，通过建构起这一套"无常、惟德、在民"的天命观，周人将商人的"人—祖—神"观念改造得面目全非。[31]现在，联通生民世界和神灵世界的关键，不再是巫师的穿梭，不再是对祖先神的谄媚劝诱，也不再是雄伟青铜礼器上等待飞翔的神奇动物，而是内在于凡人之王身上的某种禀赋。王朝承受"天意"的唯一依据，就是君王必须展现在亿兆黎民面前的高贵品德。一切都得民意说了算。

哲　学

西方文明从蒙昧向启蒙的过渡，有一个重要的宗教观念条件，就是所谓的意志论上帝观向理性化上帝观的转变。

世界是上帝所造的，这是基督宗教的底层信条。但造世之后，上帝与其所造的世界究竟保持着什么样的关系？

意志论上帝观认为，造世之后，上帝继续干预世界，从而产生各种奇迹。理性化上帝观则认为，上帝不仅创造江河湖海日月星辰山川大地，而且也设定万物必须遵从的物理法则，造世完成后，上帝就不再干预他的作品，任由世界按照他所创造的物理法则运行。

意志论的上帝随心所欲，其智慧不在人的预测和认知的范围内。但理性化的上帝，更像一个严谨的物理学家，将世界打造得如同一台精巧至极的机器。只要人能发现物理世界的规律，也就可以在某种程度上认识上帝智慧的奥秘。

在此意义上，西方现代文明的源头是一场立足于宗教观念革命之上的物理学革命。与之相比,周人发明的"无常、惟德、在民"的天命观,则可以说是一场伦理学革命。

从殷商卜辞不难看出,商人所想象的世界,"人—祖—神"混居,到处弥漫着神秘的气息。从商王的身体状况,到国家的祀戎大事,祖先和神灵都可能任意武断干涉。这非常类似意志论上帝观。周人改造这一观念的重要手段,就是使替代帝的"天"不再任性。

周人不是无神论者,大部分时候,他们仍然要依靠神话世界观来理解周遭的一切。但和商人的帝不同,周人想象中的天,不再是一个武断的至上君王,而是一位根据"品德"和"民意"两项指标来给人间统治者打分考核、决定是否授予下一个聘期的首席人力资源专家。

作为天命在人间的最高代理人,周王不再需要像商王那样整天小心揣度神灵老板易变难测的心意。他只需将全部注意力转移到涵养品德、遵从民意上,不断努力提升人间事务的伦理质量。

周人将商人眼中令人畏惧的至高神,改造成了一个理性平和的伦理问题专家。

除了将"人—祖—神"关系伦理化,周人也将更加复杂的现实生民世界加以伦理化,以达到长治久安的目的。他们建造了诸侯朝觐之所"明堂",用以"明诸侯尊卑",[32] 创设了影响深远的繁复"礼乐制度",将人群按"君臣父子"名分分等,将王土按嫡庶功勋加以分封。用王国维先生在《殷周制度论》中的话说,周人建立了一个将天子、诸侯、卿、大夫、士、庶民既糅合在一起,又加以区别的"道德之团体"。最终,在周王统治的世界中，出现了一个高度伦理化的宗法封建制社会。

正是这套礼乐制度，为一种更加理性化、更加人文主义的文化形态的诞生，提供了直接条件。

周公制礼乐后，时间很快过去5个世纪。继位第5年的某一天，鲁昭公到晋国访问。整个访问中昭公都表现得彬彬有礼，迎来送往，没有任何失误。访问结束后，主人晋平公很感慨，觉得这位来自"礼乐之邦"的客人很懂"礼"，但大臣叔侯却不以为然。叔侯说，鲁昭公那一套最多只能叫"仪"。"礼"的根本乃是保国安民，可鲁国已经千疮百孔、内忧外患。鲁昭公只注重举手投足的华丽得体，以"仪"当"礼"，像个绣花枕头，实在是舍本逐末。

《左传·昭公五年》记载的这则故事，可以说是礼乐制度发展到春秋时期的典型情况。礼乐制度的初衷，原本是上承天命，下载民意，"经国家，定社稷，序民人，利后嗣"（《左传·隐公十一年》）。但是，对日益强大的春秋封建诸侯来说，这些早已统统被抛之脑后。礼乐制度的内涵被抽空，仅仅剩下外观上的仪式。此时，周王室勉强作为方圆不足600里的一方小国象征性存在，而诸侯早已各掌大权、逐鹿中原。对于周王室，他们完全不放在眼里。

不仅"礼"的本质被忘记，而且就算对于仅剩的"仪"，僭越行为也经常发生。这背后，是诸侯毫不掩藏的代周之心。这些僭越不仅包括楚王向周天子使者王孙满窥探象征天命的宝鼎大小轻重的事情（《左传·宣公三年》），也包括诸侯在重大仪式场合竟相使用天子礼。比如，考古学家1986年在陕西凤翔发现，秦景公墓就使用了按规定当时只有周天子才能用的

"黄肠题凑"椁具。

鲁昭公访晋的那一年，生活在尼山脚下的孔子才14岁。也许是由于生活条件的孤独困苦和家世出身的难以言说，幼年孔子在建立"身份认同"方面有着比一般人强得多的心理需要。他热爱摆放豆俎等礼器，模仿祭祀活动中大人的样子行礼，将此作为游戏。他自幼就热爱礼乐文化，将其视为社会人事运作的理想模式。长大后，他认清了现实，愤怒地将自己所生活的时代斥为"礼坏乐崩"（《论语·阳货》）。作为对朽败现实的回应，孔子开始了一项伟大事业：重建礼乐制度。

春秋时代任何一个有文化的人都能看出，礼坏乐崩的原因在于诸侯毫不掩藏的不臣之心。但孔子第一个认为，重建礼乐制度能够矫正迷失已久的衰乱人心。改变人心，尤其是改变握有权柄的君王之心，是孔子孜孜以求的事业目标。

这项事业分为行动和思想两个部分。

行动部分无疑相当失败。也许是跟握有实权的人打交道的方式有问题，也许是因为能言善辩过于锋芒毕露，也许仅仅是因为品德高尚的人本就不该在春秋政坛参与角力，总之，孔子完全低估了人心的复杂。他略显天真地周游列国，试图给诸侯做思想教育工作。一生不仅毫无君臣际遇的幸运，而且颠沛流离，惶惶如丧家之犬。掌握人间权柄的权贵，无人真心打算接受孔子的教导。即便偶尔有一些人稍显兴趣，往往还没来得及进一步接触，就被君主左右的既得利益者谗言阻拦。

但思想部分却异常成功。孔子发现了一种理解礼乐制度的全新方式。这种新的理解方式，标志着"哲学"这一崭新文化形态在古代中国思想世界正式登场。在汉代画像砖中一再出现

1-13 **孔子见老子砖画拓片**

原砖藏山东嘉祥武梁祠

《史记》中记载的孔子向老子问礼的故事，是汉代砖画中一个热门主题。据说，在这次会晤结束时，老子劝告孔子不要卷入言辞的是非争辩之中，而孔子则评价老子"气度如龙"

的叙事母题"孔子见老子"，在某种意义上，就是对这一伟大文明时刻的反复强调（图1-13）。

在孔子看来，"礼"与"仪"相脱离，根本原因在于礼乐制度的本源被遗忘。孔子教导说，"礼"并不是孤立无依的仪式集合，而是人心内部某种感受的外部显现。人所行的"礼"，本质上是内在于人心的宗教、道德和审美感受的外在表达。所以，彬彬有"礼"的人间秩序，其实就是均衡平和的心灵秩序在世界中的显现。因此，"礼"的源头和根据，在人心的内部。

切换到人心的角度来看，如果人在面对世间时，始终能让内心保持均衡平和的状态，那么他的人格就能达到"仁"的境界。"仁"这个概念本身并非孔子发明，《诗经》中就已出现，但将"仁"用以指称心灵所达到的某种至善至美状态，却是孔子的发明。

对孔子而言，"仁"不是某种美德。它是所有美德比例均衡地同时出现在一个人的身上后，他的内心所能产生的一种精

神氛围。拥有仁心的人，在同他人、万物打交道时，不会发生任何偏差，自然而然地就会达到"礼"的要求。

在孔子看来，万事万物都有各自的理想状态，这就是"道"。但人心一旦失控，"人而不仁"，万事万物的"道"，就会被失控人心中的怨恨、恐惧、胆怯、贪婪、卑劣、龌龊所遮蔽。被失控心灵主宰的人，看不到"道"的本来样子，不知"道"之所在。天下礼坏乐崩局面的根源，就在于人心在面对家庭、社会、政治时，无法从失控状态中回复，不能"克己复礼以为仁"。

所以，人世纷争和天下动荡的良药，就在于人要学会重建自己的内心世界，使自己成为一个有仁心的人，用这颗心去体察万事万物的"道"，并通过行动来达成它们。

仁礼一体，因仁体道，孔子的思想为古老的礼乐制度找到了新的文化根基。在孔子之前，礼乐制度始终无法与宗教文化脱钩。[33] 这是因为，从根本上来说，礼乐起源于祭祀活动，是更大的巫师文化系统的一部分。正是得益于孔子的努力，礼乐制度才摆脱了巫师文化系统。

古代中国的精英文化，也因此拥有了一种新的可能性。它将能够从内在于人心的东西出发、从人的精神世界出发，而不是从想象中的神灵意图出发，来论证人所生活的世界应该和能够达到的样子。

这是一种独属于古代中国文明的理性化思维方式。它的出现，标志着古老中华大地出现了第一位真正的"哲学家"。一个拥有哲学家的文明，是真正的"高等文明"。"天不生仲尼，万古如长夜。"孔子思想的出现，标志着一次巨大的精神突破。古代中国文明也因此和世界上其他伟大文明一道，飞跃进人类高等文明的"轴心时代"。[34]

孝 敬

正如西方汉学家罗泰所发现的，西周时期的青铜器铭文中常常包含了渴望得到祖先庇佑的意思。[35] "周公制礼乐"之后的5个世纪里，尽管礼乐的功能被叠加上了一些新含义，但在祭祀活动中与祖先神沟通、求取福佑的原始意义并没有改变。

罗泰还发现，春秋中叶以后，向祖先求取庇佑的观念变得日益单薄。人们

虽然仍然祭祀祖先，但是已经不指望祖先神在另一个世界向自己施以援手。青铜器开始成为人间君王自我歌颂的"自媒体平台"，甚至日益日用化、娱乐化。比如国家博物馆收藏的一组战国编钟（图1-14），至今仍能发出清脆和雅的准确音律。[36]

孔子哲学形成后，中国人看待祭祀、对待祖先的态度也发生了两点变化："敬鬼神而远之"，"祭神如神在"。

"敬鬼神而远之"出自《论语·雍也》。孔子的弟子樊迟问："什么算作智慧？"孔子回答说，专心在人民中培养"义"的意识，尊敬鬼神，但是不予接近，这就算是智慧了。

1-14 **编钟**（战国）

中国国家博物馆藏

春秋中叶后，青铜器开始成为人间君王自我歌颂的自媒体平台，日益日用化、娱乐化

"祭神如神在"出自《论语·八佾》。说的是孔子祭祀祖先的时候，言行举止好像祖先就在现场一样。这段记录还直接引用孔子的话说："如果不能亲自到场祭祀祖先，那就跟没有举行祭祀是一样的。"

人死为"鬼"。孔子说不接近鬼神，其实就是反对在祭祀祖先的仪式中搞降神附体那一套。可是，为什么在祭祀祖先的仪式中，他又表现得好像祖先在场一样呢？"敬鬼神而远之"，"祭神如神在"，这两句话的意思是不是有点矛盾？

前面说过，孔子认为，一个有仁心的人，在面对万事万物时，都能按照事物理想的样子来打交道，不会有任何偏差。既然礼乐和祭祀活动也源自仁心，那么，祭祀祖先过程中最重要的事情，就不是去追问祖先有没有收到祭品、满意不满意后嗣的供奉，而是要秉持一颗充满敬意的孝敬之心。

孝敬就是"无违"，就是用一颗仁心来对待祖先的生养病殁，即所谓"生事之以礼，死葬之以礼，祭之以礼"(《论语·为政》)。从孔子开始，"家"作为仁心最重要孵化器的作用逐渐被充分认识。以后的两千多年里，世世代代的中国人，正是在那里培养出自己对待万事万物最初的敬意。孝敬之心，就是一颗通用于"家"这个场合的仁心。

孔子相信，这颗在"家"的场域中通过"孝"的日常锤炼而塑造出来的仁心，一旦走向山川大地、走向天下苍生、走向更宽更广的人群时，同样会表现为忠心、爱心、宽恕之心。因此，"孝"是一切善行义举的起点，是"至德要道"(《孝经·开宗明义章第一》)。

这样比较来看，神灵附体这样的巫术魅影，除了让祭祀

"家"是仁心的孵化器。世世代代的中国人，正是在自己的家中，培养出对待万事万物最初的敬意。

1-15 石台孝经（唐）碑文拓片
原石藏西安碑林博物馆

中本该沉浸在对祖先孝敬情感中的人分心外,并没有任何积极作用。[37] 在孔子充满人文理性的思想中,巫术是一个属于久远过去的误会。祭祀的本质,只是为活着的人提供涵养自己内在之心的机会。孔子希望人们懂得,活着的人身处祖先与后人之间,他继承了一个世界,又要传递一个世界。"未知生,焉知死"(《论语·先进》)。只有把全部注意力放到如何端正自己的内心上,活着的人才能俯仰无愧,不辜负他此生的使命。

孔子充满智慧的哲学教诲,驱散了笼罩在商周世界的巫术之云。从这些教诲出发,后来的中国人逐渐学会将祖先从神灵世界中抽拔出去,不再将其看作魅影重重的神秘存在,而仅仅当作一个投射后人对来时之路感激心情的对象。我们不再期待在某一个时空中与祖先相遇,但也因此更加懂得要充满诚意地对待此世所经历的每一个人、每一件事、每一天。

公元前479年,古代中国的大哲学家孔子,在无奈和期待中离世。临终前,他做了一个梦,梦到自己在"两楹之间"接受祭奠。那是他的祖先殷商人的停柩方式。在生命旅程的最后,孔子回归了他祖先的生活方式。没有什么比这更能抚慰一颗仁者之心了。

注释

1
何尊铭文共12行122字。全文如下:"唯王初遷宅于成周,復稟武王豐福自天。在四月丙戌,王誥宗小子于京室,曰:昔在尔考公氏克逑文王,肆文王受兹大命。唯武王既克大邑商,则廷告于天,曰:余其宅兹中国,自之乂民。嗚呼!尔有唯小子亡識,視于公氏,有勛于天,彻命。敬享哉!助王恭德裕天,训我不敏。王咸誥,何锡贝卅朋，用作口公宝尊彝。唯王五祀。"其中"大命"即"天命"，铭文中不可见，为释读所补。有关何尊铭文的解释和制器年代考证，综合参考了马承源、唐兰、张政烺、杨宽诸先生的意见。参见：马承源：《何尊铭文初释》，《文物》，1976年第1期；唐兰：《何尊铭文解释》，《文物》，1976年第1期；张政烺：《何尊铭文解释补遗》，《文物》，1976年第1期；杨宽：《释何尊铭文兼论周开国年代》，《文物》，1983年第6期。

2
许宏：《何以中国：公元前2000年的中原图景》，生活·读书·新知三联书店，2016年版，第109-111页。

3
正因此，早在先秦时代，一些思想家就出于财务和经济的考虑反对浮夸的墓葬实践。参见《墨子·卷六·节葬下》。

4
苏秉琦：《中国文明起源新探》，生活·读书·新知三联书店，2019年版，第106-111页。

5
许宏：《何以中国：公元前2000年的中原图景》，生活·读书·新知三联书店，2016年版，第13页。

6
张光直：《艺术、神话与祭祀》，刘静、乌鲁木加甫译，北京出版社，2017年版。

7
陈梦家：《殷墟卜辞综述》，中华书局，1988年版，第562页。

8
郭宝钧：《中国青铜器时代》，生活·读书·新知三联书店，1963年版，第228页。

9
正因为祖先拥有充分的感性能力，所以颜色与味道在祭祀用品和仪程安排中具有极为重要的功能。关于这一点，参见［英］汪涛：《颜色与祭祀：中国古代文化中颜色涵义探幽》，郅晓娜译，上海古籍出版社，2018年版；以及Roel Sterckx, *Food, Sacrifice, and Sagehood in Early China*, Cambridge University Press, 2015。

10
胡厚宣：《释殷代求年于四方和四方风的祭祀》，《复旦学报》，1956年第1期。

11
陈梦家：《殷商卜辞综述》，中华书局，1988年版，第580页。

12
卜辞中关于先公先王互相做客或到帝那里做客的表述，例如：
　　贞大甲不宾于帝。
　　贞大（甲）宾于帝。
　　贞下乙不宾于帝。

贞下乙（宾）于帝。
甲辰卜，㱿贞下乙宾于（咸）。
贞下乙不宾于咸。
贞咸不宾于帝。
贞咸宾于帝。
贞大甲宾于咸。
贞大甲不宾于咸。（《合集》1402正）

此外，例如《尚书·君奭》则记载了早商重臣做客的事情："我闻在昔，成汤既受命，时则有若伊尹，格于皇天。在太甲，时则有若保衡。在太戊，时则有若伊陟、臣扈，格于上帝，巫咸乂王家。在祖乙，时则有若巫贤。"

13
陈梦家：《殷商卜辞综述》，中华书局，1988年版，第351页。

14
陈来：《古代宗教与伦理：儒家思想的根源》，北京大学出版社，2009年版，第132页。

15
按照《礼记·郊特牲》的说法，供奉祖先的祭品"至敬不飨味而贵气臭也"。看起来，对于祖先来说，祭品好闻比好吃更重要。《诗经》中也有很多篇章都表明，祖先神灵通过享用气味来享受祭品。如《生民》："其香始升，上帝居歆。"但《楚辞·东皇太一》所记载的祖先祭礼则色香味声姿俱全："抚长剑兮玉珥，璆锵鸣兮琳琅；瑶席兮玉瑱，盍将把兮琼芳；蕙肴蒸兮兰藉，奠桂酒兮椒浆；扬枹兮拊鼓，疏缓节兮安歌；陈竽瑟兮浩倡；灵偃蹇兮姣服，芳菲菲兮满堂；五音纷兮繁会，君欣欣兮乐康。"

16
David N. Keightley, "The Making of the Ancestors: Late Shang Religion and Its Legacy", *Ancient and Medieval China*, 2004, pp.3-6.

17
[美]普鸣：《成神：早期中国的宇宙论、祭祀与自我神化》，张常煊、李健芸译，生活·读书·新知三联书店，2020年版，第73-77页。

18
张光直：《艺术、神话与祭祀》，刘静、乌鲁木加甫译，北京出版社，2017年版，第120页。

19
张光直：《中国青铜时代》，生活·读书·新知三联书店，1983年版，第315-317页。

20
同上书，第322页。

21
Mircea Eliade, *Shamanism: Archaic Techniques of Ecstasy*, Princeton University Press, 1964.

22
张光直：《中国青铜时代》，生活·读书·新知三联书店，1983年版，第332-335页。

23

簋内铭文内容为："武征商，唯甲子朝，岁鼎克昏，夙又商，辛未，王在阑师，赐又事利金，用乍檀公宝尊彝。"

24

《诗经·大雅·文王》："文王在上，於昭於天。周虽旧邦，其命维新。有周不显，帝命不时。文王陟降，在帝左右。"

25

此处遵从的是陈梦家先生依托卜辞文献而形成的意见。参见陈梦家：《殷墟卜辞综述》，中华书局，1992年版，第562页。此外，张光直先生也依据考古证据，认为作为神的"天"的观念在西周才出现。参见张光直：《中国青铜时代》，第306页。但对于这个问题，傅斯年先生却认为既然商代有多元神和至高神，那么"自当有'天'之一观念，以为一切上神先王之综合名"。傅斯年先生的观点立足于推测，而缺乏直接的文献证据，我们在此不取。参见傅斯年：《性命古训辨证》，收于《傅斯年全集》（第二卷），湖南教育出版社，2003年版。

26

［英］杰西卡·罗森：《祖先与永恒：杰西卡·罗森中国考古艺术文集》，邓菲、黄洋、吴晓筠译，生活·读书·新知三联书店，2017年版，第28页。

27

《史纪·周本纪》：武王征九牧之君，登豳之阜，以望商邑。武王至于周，自夜不寐。周公旦即王所，曰："曷为不寐？"王曰："告女：维天不飨殷，自发未生于今六十年，麋鹿在牧，蜚鸿满野。天不享殷，乃今有成。维天建殷，其登名民三百六十夫，不显亦不宾灭，以至于今。我未定天保，何暇寐！"

28

《尚书·多士》："肆尔多士！非我小国敢弋殷命。惟天不畀允罔固乱，弼我，我其敢求位？惟帝不畀，惟我下民秉为，惟天明畏。"

29

铭文内容为——唯九月，王在宗周，命盂。王若曰："盂！丕显文王，受天有大命，在武王嗣文作邦，辟厥慝，敷佑四方，畯正厥民。在于御事，虩，酒无敢酣，有燕蒸祀无敢扰，故天翼临子，法保先王，敷有四方。我闻殷坠命，唯殷边侯、甸，与殷正百辟，率肆于酒，故丧师。已！汝昧辰有大服，余唯即朕小学。汝勿逸余乃辟一人。今我唯即型禀于文王正德，若文王命二三正。今余唯命汝盂，绍荣敬雍德，经敏朝夕入谏，享奔走，畏天威。"王曰："耐！命汝盂型乃嗣祖南公。"王曰："盂！酒绍夹，尸司戎，敏谏罚讼，夙夕绍我一人烝四方，与我其遹省先王受民受疆土,赐汝鬯一卣,冕、衣、韍、舄、车马,赐乃祖南公旂,用战。赐汝邦司四伯,人鬲自驭至于庶人六百又五十又九夫;赐夷司王臣十又三伯,人鬲千又五十夫,俾迁自厥土。"王曰:"盂!若敬乃正,勿废朕命!"盂用对王休,用作祖南公宝鼎,唯王廿又三祀。

30
《尚书·康诰》:"惟命不于常。"

31
陈来:《古代宗教与伦理:儒家思想的根源》,北京大学出版社,2017年版,第222-223页。

32
《逸周书·明堂解》:"明堂,明诸侯之尊卑也,故周公建焉,而朝诸侯于明堂之位。制礼作乐,颁度量,而天下大服,万国各致其方贿。"

33
余英时:《论天人之际:中国古代思想起源试探》,中华书局,2015年版,第26页。

34
[德]雅斯贝尔斯:《论历史的起源与目标》,李雪涛译,华东师范大学出版社,2018年版,第10页。

35
Lothar von Falkenhausen, *Chinese Society in the Age of Confucius (1000-250 BC): The Archaeological Evidence*, The Cotsen Institute of Archaeology Press, 2006.

36
苏立文指出,春秋中叶后,"音乐不再是纯粹的礼仪行为,而变成了诸侯公众主要的娱乐形式之一"。参见《中国艺术史》,上海人民出版社,2004年版,第61页。

37
[美]史华兹:《古代中国的思想世界》,程钢译,江苏人民出版社,2013年版,第118-119页。

无垠与永恒

2

这块蜀锦不足0.03平方米,却试图传递关于宇宙、帝国和仙界的全部信息

2-1 "五星出东方利中国"
　　 护膊(东汉)

新疆考古研究所藏

公元前61年，西汉帝国建立后的第146年，皇帝给远在甘肃的将军赵充国写了封信，敦促他立即采取行动，平息一场正在帝国西域蔓延的叛乱。

赵将军对皇帝的战略意图和战术思路心存疑虑。为了坚定赵将军的信心，皇帝在信中特意引用了天文官此前上奏的一则好消息："今五星出东方，中国大利，蛮夷大败。"

"五星出东方"是一句天象占辞，意思是只要辰星、太白、荧惑、岁星、镇星，也就是我们今天所说的水、金、火、木、土五颗行星，在天空的东边大致排成一列，对于发动战争的一方来说，就是一个莫大的好兆头。[1]

战事的结局确如天文官预言，西汉帝国大获全胜。但胜利的原因却在于皇帝经过赵充国的反复劝说，最终收回自己的意见，转而采纳了将军的计谋。由此，赵充国将军善将多谋的威名在帝国西域流传开来，绵延数百年之久。

1995年，新疆和田民丰县出土了一块蜀锦（图2-1），据信出自东汉后期，应当是"西域三十六国"之一的古精绝国国王的随葬品。这块蜀锦工艺复杂，以青、赤、黄、白、绿五种颜色的丝线，织造出日月、卿云、五星和灵芝、凤凰、仙鹤、貔貅、白虎图案，象征宇宙与仙界。

除此之外，蜀锦图案中也清晰标识了人间帝国的威严。两排白线织出"五星出东方利中国"字样，宛如皇帝正在向他的赵将军讲述想象中的帝国鸿运。

这是一块神奇的蜀锦。它至小又极大。物理尺幅尚不足0.03平方米，却试图传递宇宙、帝国和仙界的信息，表达秦汉中国对无垠与永恒的全部想象。

这块蜀锦的原初功能，是古精绝国王室的陪葬品。身居塔克拉玛干沙漠边缘的古精绝国人，当初将这块蜀锦绑在已故国王的前臂上，意在借助帝国令人惊叹的权能，作为亡者在死后世界中驱魔辟邪、登仙御极的工具。无意之间，他们也再一次确认了对"中央帝国"的政治和文化认同。

天　象

1987年，在濮阳西水坡一个仰韶文化遗址的第45个墓穴中，考古学家看到了令人震惊的一幕（图2-2）。身高体长的墓主仰卧其中，头部朝南，左右两侧各有蚌壳摆塑而成的龙、虎图案。龙、虎头皆朝北，面则分别朝向东、西。墓主脚下不远处，堆放着一个蚌壳三角形，旁边放置着两根人腿胫骨，与三角形邻边垂直。

这是中国最早的"北斗二象图"。其中，蚌壳三角形表示北斗七星的斗勺四星，人腿胫骨则象征斗杓三星，而龙、虎形蚌塑则直截了当地展示了华夏先民对于"星官"的理解，应和着"左青龙、右白虎"的古老"四象"说。[2]这个令人惊奇的墓穴中，隐藏着时间和空间的秘密。

2-2 蚌塑北斗二象图
　　（仰韶文化）

中国国家博物馆藏

这个墓穴隐藏着时间和空间的秘密，它应和了古老的"四象"说

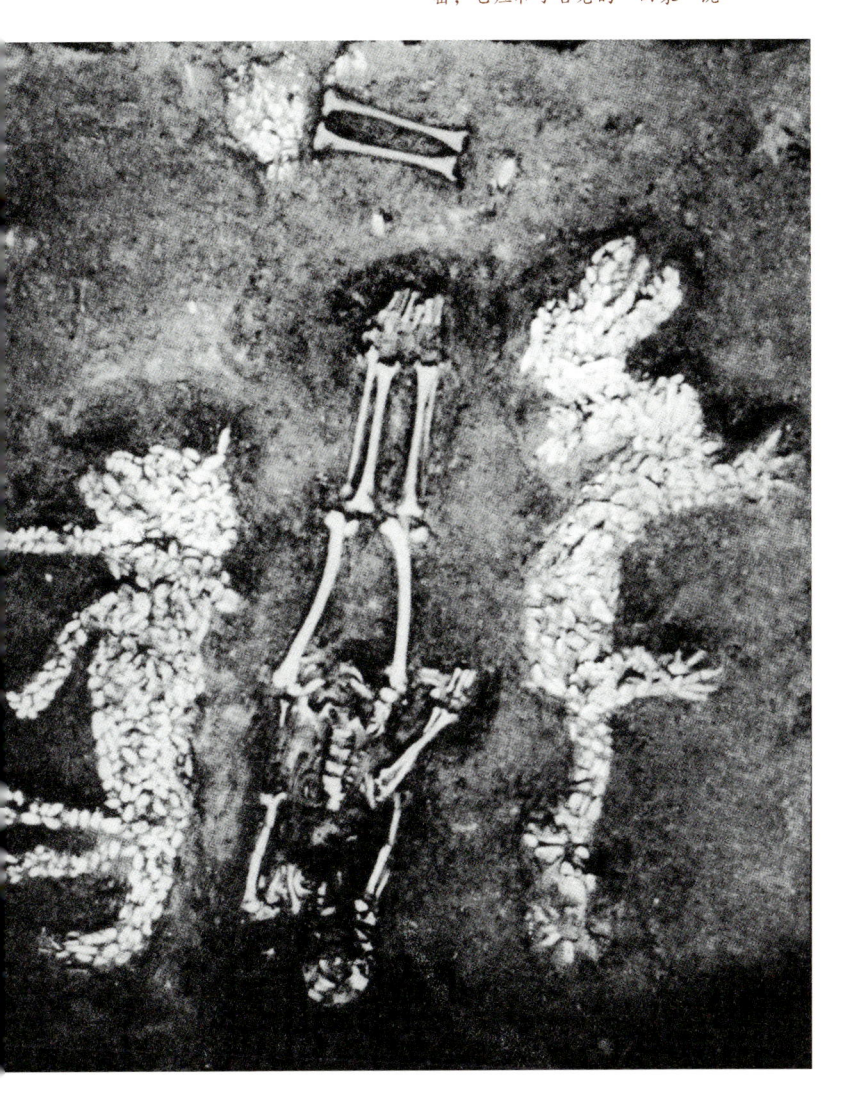

6500多年前,每一个晴朗的夜晚,居住在黄河沿岸的人们只需用肉眼望向天空,就能注意到一颗星。这颗星非常神奇,不仅最亮,而且似乎常年固定在同一个位置。古人将它称为"北辰",也就是我们今天所说的北极星。

那时,人们当然还不可能知道大地是一个自转的球体。广袤平坦的中原也给了他们产生错觉的机会。于是,他们将自己所站立的地方想象成一个不动的"四方"平面,而天空则被看作一个"穹隆",像盖子一样覆于大地之上。

人们还发现,在离"北辰"不远的地方有七颗星,连在一起组合成一柄"斗"的形状。这斗也很奇妙,围着北辰逆时针旋转,寒来暑往,恰好转完一周。就好像天帝乘着銮驾,在天界的每一个角落宣告自己无上的权威,永不疲倦。[3]

于是,我们的先民依托北斗七星,建构起"年"的观念。

周而复始的现象并不只出现在晚上。到了每一个晴朗的白天,万物又都能在大地上显出自己的影子。华夏的先民们发现,只要挺拔起自己的身姿,再低头瞥望,就能看到自己脚下的黑影。

如果他们站立得够久,黑影就会伸缩变化、绕圈旋转。于是他们以自己的腿骨为最早的"表",通过观测日影的长度,确立起"日"的观念。

依靠着天空和大地,在影与光的世界里,华夏先民们从空间中发现了时间。从此,生命不再肆意流淌,中国人开始将"历史"镌刻其上。濮阳西水坡仰韶文化墓穴主人的遗骸脚下,就摆放着"北斗建时"和"圭表测影"的秘密。[4]

今天我们都知道,北斗七星彼此之间没有任何关联,"斗"

的形状只不过是人的想象力的投射。但对于先民来说,他们并不将"穹隆"上闪烁的恒星当作一个个孤立的亮点。相反,他们认为这些亮点之间存在着联系,形成若干富有内在意义的组合,隶属于天帝和他的"天宫"。在他们看来,认识这些亮点之间的联系,就是认识天界的奥秘。

先民们依靠头脑中的意义感,赋予了满天恒星以秩序。他们将肉眼视力可见范围内的恒星,想象成28个组合。他们觉得,每一个组合,看起来都像是在为日月和五星的奔波劳累提供停歇休息的驿站,因而将这些组合命名为"星宿"。从此,中华大地的天上,闪耀着"二十八宿"。

先民们以动物图腾来对应表示每一个星宿,并且根据它们在天空中的位置分布,将二十八宿分为四组。每七宿一组,分属"穹隆"的东、西、南、北四个方位,好似天帝居住的宫殿。他们以青龙、白虎、朱雀、玄武(麒麟)四神兽的形象来表示这四个方位,由此形成"四宫"或"四象"的观念。

濮阳西水坡遗址的龙、虎形象,显然高度疑似四象中的"二象"。并且,同一墓穴中东、西、北向殉人,以及相邻墓穴中的蚌壳图案,也都强烈支持这个结论。但仰韶遗址毕竟还缺乏能直接表明我们的先民早在6000多年前就已产生二十八宿和四象观念的文字佐证,所以确凿的论断始终难以敲定。[5]但无论如何,这位仰韶时期拥有高贵身份的墓主,无疑是在一个人造的"微缩宇宙"中度过了过去的60多个世纪,而且我们也有充分的理由相信,这样的安顿符合他生前的愿望。

二十八宿和四象的知识,并不只是先民在前科学时代对于天文奥秘的幼稚想象。对于数千年处于农业文明之中的华夏民族来说，时日和天象意味着辛苦劳作能否如期丰收，而丰收则事关生死。正因此，发布时间和节气的权力无上神圣。保管时间就是保管国运。以至于尧禅位于舜时，要特意向他交代一句"天之历数在尔躬，允执其中"（《论语·尧曰》）。

曾经，人们认为有关二十八宿和四象的最早文字记载收于汉武帝的政治对手刘安所编的《淮南子》中，甚至二十八宿也被认为有可能来源于古代印度或埃及。但一件器物的出土改变了这些认识。

1980年的一天，已经定稿的《中国大百科全书·天文学卷》，在即将付印时突然返稿修改，原因正在于其中关于二十八宿最早文字记录的表述存在错误。错误的原因并非人为，而是此前两年在湖北随州曾侯乙墓中出土的一件漆箱（图2-3）。

这件漆箱如今陈列于湖北省博物馆。它在同时出土的5件漆箱中最显特别。箱盖正中赫然标出大大的篆体"斗"字，下面又紧连着一个"土"字。二字合并构图，共同表达"天地轴心"的意象。[6]

二字周围略显不规则地环形排列了二十八个名词。字体的四根线条夸张而故意地伸至其中四个。这些名词与《史记·天官书》记载的二十八宿应和，采取顺时针排列，与史书所载排列方式恰好相反。字体线条所指向的，则是分别表示东、西、南、北四宫的主星宿名称。

四宫本身又以四神兽图案来强化表达。箱盖东西两侧分别绘有龙、虎图案。展开箱盖后还可以发现，北立面绘有鸟纹样，南立面则涂黑。之所以涂黑，而非描绘玄武或麒麟的具象，是因为此方位乃是墓主所要去往的"玄冥之境"，不仅其

2-3 彩绘二十八宿图漆箱（战国）

湖北省博物馆藏

这件小小的漆箱是一个"微缩的宇宙"：箱底是大地，箱盖是天空，在须弥方寸的至小中，凝缩了至大的悠远时空

景况不为人所知,而且也不宜涂绘神兽具象,以免阻塞墓主升天通道。[7]

可见,漆箱所绘图案,表达的是宇宙尺度的空间和时间。但人们也依照漆箱上的文字标注,认为它是一件用于装墓主衣物的"衣箱"。那么,这件漆箱到底有何功能?一件衣箱上,为什么要绘制象征宇宙时空的图像?

要理解这个问题,还得运用一点想象力。让我们假设箱体无限大,大得超过楚国的领地。假设箱盖也并非木质,而是晶莹剔透宛如水晶。现在,想象一个人站在这巨大的箱底,仰头观望。当他的目光穿过箱盖,他会看到什么?他会看到"北斗"周围排列着二十八宿,排列顺序恰好符合二十八宿的逆时针秩序,而各据东、西、南、北四方的龙、虎、鸟和黑冥则悬浮在他的头顶上。

公元前433年"甲寅三日",当刚刚离世的曾侯乙的灵魂飘入他的墓地,进入这个小小的漆箱,他并不是在寻找生前死后的衣服,而是进入了无垠而永恒的宇宙。

原来,埋在地下的这个漆箱并无实用功能,考古学者也确实发现"衣箱无衣"的现象。它是一件神器,是一个"微缩天界",就像濮阳西水坡45号墓穴一样。它以箱底为大地,箱盖为天空,在须弥方寸的至小中,凝缩悠远至大的时空整体。

曾侯乙大人当然不会想到,几个世纪后,中华世界的第一位皇帝,会将日月星辰、山川大海统统装进自己的墓穴。[8] 相较于浮夸而高调的始皇帝陵,他的这件隐藏着宇宙密码的小小漆箱,在物质材料的选用上显得过于节俭了。秦始皇之后,没有第二个凡人拥有在自己的墓穴中以实物模型模拟整个宇宙的意志和财力。但这并不妨碍古代中国人将整个宇宙带入永恒地下世界的决心。新方案的思路甚至是现成的：既然曾侯乙墓中的漆箱无限放大就能成为宇宙，难道它不可以稍稍放大而成为墓穴？

漆箱埋入地下3个世纪后，西汉帝国发起了一场声势浩大的艺术运动。人们以壁画的形式，将曾侯乙墓漆箱箱盖上的宇宙图样，更加生动地描绘在墓穴穹顶上（图2-4）。[9]墓主可朽的躯体从此就躺在"穹隆"的下方，直面着日月和星辰。这种"微缩宇宙"的方式，从这时开始，延续了许多个世纪。

当古人将龙虎图、漆箱、穹顶壁画作为宇宙的浓缩带入地下，他们期待自己与这些图案发生什么样的关系呢？这些图案是用于愉悦他们的视觉、供他们"观看"，还是另有深意？

视觉在人与物之间所建立的关系，用术语来说，叫作"视觉机制"。今天，当我们去博物馆观看文物时，早已习惯于从外部将目光投放到对象的表面，从而从对象身上获得视觉信息。这是一种非常现代的视觉机制，它将万物都当作视觉的对象。

凝视是一种征服，也是一种超越，是智能化的生灵对"物"的一种占有。但对漆箱的主人曾侯乙大人而言，他怎么可能从"外部"，像观看一个苹果、一座山、一颗恒星那样，去凝视他所陷身其中的整个宇宙？

换个角度说，要实现这种"凝视"，曾侯乙大人就必须首先从宇宙之外的某个地方，获得必要的视角。这样的视角是不可能获得的。因为即使已经登入"天界"，曾侯乙大人也没有走出他的"宇宙"。

古代中国观念中的"天界"，并不是"另一个宇宙"。甚

墓主躺在"穹隆"的下方，直面着日月和星辰。对中国人而言，宇宙和环境不是征服与超越的对象，而是人类生活栖息的唯一家园

2-4 主墓室券顶部壁画日轮图、月轮图（西汉）
西安交通大学西汉墓原址藏

至，是否真的存在"另一个宇宙"，这样的问题对于曾侯乙大人来说也毫不重要。他那已经完成的"此生"只能在这个宇宙中度过，他那即将开始的"来世"也同样只能在这个宇宙中安顿。

这件漆箱的意义，不是将宇宙变为曾侯乙大人凝视、征服、占有乃至把玩的对象，而是让他在地下世界里继续获得观望天空的机会。正因此，这件漆箱确认了一项古老的东方智慧：宇宙和环境不是征服与超越的对象，而是人类生活栖息的唯一家园。

佛教进入中国以前，"来世"被古代中国人看作是"此世"的延伸，甚至就是"此世"的一个部分。宇宙之外的奥秘与生活无关。生命形态的任何改变，也都不以"超越这个宇宙"或者"到这个宇宙外面去"为目的。两汉时期的许多艺术品也都试图表达这样一个观点，比如某些类型的青铜规矩镜（图2-5）。[10]

规矩镜也叫"TLV镜"，流行于公元前100年后的两汉帝国时期，但早至汉武帝时期就有使用。此类铜镜在纹样上有一些共同元素：从镜的边缘开始，若干圈几何图案象征天空外缘；中心则铭刻四方形图案，象征大地。方形图案与圆形轮廓之间，以云纹、四象纹（或四神纹）表示天界境况。在方形图案的四个角往边缘延伸处，可以看到V字形纹，表示天空的边缘。[11]

这些V形纹毫不犹豫地表明，可见、可理解、可表达的宇宙只有一个，那就是我们当下生活于其中的宇宙。天与地，乃至生活所在的整个宇宙，与人之间具有唯一的、不可替代的生态学关系。在这种生态化的宇宙观念中，天、地、人三者内在纠缠。人牢牢嵌入他所置身的天空与大地、时间与空间。不仅对于活

2-5 蟠螭纹规矩铜镜
（西汉）

河北博物院藏

> 规矩镜用TLV纹样清晰表明，可见、可理解、可表达的宇宙只有一个，那就是我们当下所生活于其中的宇宙

着的人来说，一切都只能在这个宇宙中经营，即便死后升仙，灵魂也只能去往这个宇宙之中而不是之外的某个地方。无论此生还是来世，所有的悲欢离合都只能发生在这个宇宙之中——它是过去的人、现在的人和将来的人所共享的唯一时空背景。

漆器取代青铜器，是商周向秦汉艺术转变过程中出现的一场"材质革命"。1971年至1974年间，考古工作者在湖南长沙先后发掘了三座西汉墓葬，即著名的马王堆汉墓。其中出土了大量漆器、陶器和木器，却罕见高品质青铜器。

宇　宙

出土的漆器中，一种典型纹样不同寻常地出现在几乎所有漆器的表面，包括盘、盆、鼎、杯、勺、几、案、盒、奁、钫、钟以至屏风。区别仅仅在于有的漆器单独表现这种纹样，有的则在其中稍许点缀一些动物纹样，包括龙、鸟乃至罕见的青蛙、乌龟、老鼠、狸纹。这就是"云气纹"。

除了马王堆汉墓，运用云气纹作为漆器表面的装饰纹样，其实在湖北云梦睡虎地秦墓出土的漆器中也广泛存在（图2-6）。

秦汉时期密集、普遍地运用云气纹作为装饰。云气纹呈现了一种宏大的宇宙观

2-6　**彩绘凤鸟纹漆圆奁**
　　（秦）

湖北省博物馆藏

从秦汉起，这一图样在中国艺术实践中广受欢迎，影响一直延绵至今。[12]最近的一次著名运用，是2008年的北京奥运会，其标识图案的设计就广泛采取了"祥云纹"。但纵观整个中国历史，没有哪个时代像汉代那样，如此密集、普遍地运用云气纹作为装饰。那么，究竟是什么样的观念，激发了人们对云气纹的选择和使用？答案或许异乎寻常地宏大：一种宇宙观。

为了理解这种奇妙的宇宙观，我们先从马王堆三号墓中出土的一件六博棋具说起。

湖南博物院收藏的这件六博棋（图2-7）构件相当完整，主体为漆制，辅以象牙材质。从棋盘图案看，属于TLV子类型，与前面提到的规矩镜几何图案类似。它的棋盒盖和棋盘面上，画满了云气图案。图案勾线精妙灵动，宛如气息正以可见方式萦绕在器物表面。

六博棋是一种流行于战国秦汉之间的棋类游戏。从出土情况看，在不同时代和地区，发展出了若干种子类型。[13]多样性的背后，基本设计思想高度一致：试图表达天圆地方、星宿时日的含义。六博棋的原型，是一种叫作"式盘"的东西。

和濮阳西水坡龙虎图、曾侯乙墓二十八宿漆箱、规矩镜一样，式盘也是一个微缩的宇宙模型。它在构造上处处模仿古人眼中的宇宙时空。[14]不同之处在于，式盘的首要功能不是埋入地下方便墓主升天，而是供地上的活人使用。数术家——这些古代世界的预言专家，在严格按照他们心中的宇宙模样设计式盘时，满怀希望地将它当作宇宙结构和万物运行原理的指示器，试图从这方小小平面中推测出奥妙难测的"天机"。

窥测"天机"的兴趣不仅流布在专业圈中，而且也为民众

六博棋是一种风靡一时的棋类游戏。小小棋盘,却有天圆地方、星宿时日的含义

2-7 六博棋具(西汉)

湖南博物院藏

2-8 仙人六博图石函
（东汉）拓片

四川省博物馆藏

窥测"天机"的兴趣无处不在。如果说式盘是数术家的专业仪器，那么六博棋可谓一项通用技术，上自神仙，下至一般民众，普遍适用

所需要。如果说式盘是数术家的专业仪器，那么六博棋可谓一项通用技术，上自神仙，下至一般民众，普遍适用（图2-8）。

占验的本质，是从现象的偶然性中幻想出命运的必然性。当马王堆三号墓的主人、第二代软侯利豨拔筹行子忙个不停时，他的内心也许正为某桩人事秘密忐忑不安，急需在棋盘上发现命运的征兆。对他而言，幸运之处在于，六博棋在玩法设计上为偶然性预留了充分空间，使征兆就像浩瀚无垠的宇宙本身一样无常难测，因此能很好地满足他的心理需要。[15]

六博棋的具体玩法已经失传。今日所知，都来自传世或出土文献中的只言片语。最近江西南昌西汉海昏侯墓出土的简牍中，不少提到六博棋的行棋规则，也许将来能借此复现其玩法。[16]但即便复现成功，现代人也一定难以体验战国秦汉时人战战兢兢与宇宙相沟通的游戏感受。

缺乏相同感受的原因在于，现代人对宇宙和万物的认识发生了根本变化。对于一个典型的现代人来说，万物随机生成、偶然相遇，而社会人事则是一个社会内部，持有不同动机、欲望和信念的人彼此之间交织碰撞所产生的合成效应。现代人不会认为自然世界与社会人事之间存在什么关联，更不会认为一种棋类游戏能够对这种关联加以模拟和预测。

与此相反，古人的生活依托于完全不同的另一种宇宙万物观念。这种观念认为，不仅自然世界与社会人事彼此纠缠关联，而且万物本身就组成了一张无边无际的沟通网络，彼此之间在这张网络上相互影响。用我们熟悉的语言说，在这种观点看来，万物之间好像存在着"信息流"，彼此调动，互成因果。这种观念当然起源于商周时期的巫觋文化。但随着古代中国思想观念的不断理性化，它也不断哲学化，最终演变为中国哲学特有的"万物感通"思想。

早在战国时期，一些有见识的人就发觉，摆脱了巫觋文化后，万物感通的思想必须重获某种观念根基，否则很难继续成立。这些人的主要活动地，位于当时的齐国国都临淄，也就是今天的山东淄博地区。在那里，当时建有中国最早的官办智库机构：稷下学宫。

稷下学宫的天才专家们，从烟气、云气、蒸汽、雾气、风气乃至人兽呼吸之气中，找到了诠释由宇宙和万物所组成的"精灵之网"的新灵感。他们将"气"视为构成宇宙万物的最基本因素。[17]这样一来，万物就都是由"气"所构成，随着"气"的流动而生成变化。不仅如此，"气"还成为万物发生沟通联系的共同物质基础，将表面上不相干的某一物与大千世界的万物勾连在一起，组成一张互生互动、互联互通的气态网络。这样一来，"万物感通"就得到了新的自洽解释。古代中国影响最为深远的世界观理论由此诞生。这就是"气化宇宙论"。

气化宇宙论在齐国地域形成后，很快就流行起来，不仅成为社会精英的一般观念和认识，而且对民众的日常生活产生了重要影响。天津历史博物馆现藏有一块玉刻艺术品可以说是直接物证（图2-9）。

这块玉器被陈梦家先生称为"行气玉秘铭"，为柱状，表面磨制了十二个立面，每个立面上刻有若干铭文，通篇讲的都是如何通过呼吸吐纳来均衡体内气息。

在气化宇宙论框架下，宇宙由万物组成，万物又各自构成一个小宇宙。在这幅宇宙图景中，人的特殊性，不在于人由"气"组成，而在于其不仅由"气"组成，而且拥有能动性。这就意味着，人不是被动地在万物之中被"气"缠绕，而是能够根据气态宇宙的结构和原理，主动地调节自己的小宇宙。这种调节，既有可能发生在人群之中，使统治者根据"气"的运行状态来安排社会人事；也可能发生在一个人自身之中，使他依循"气"的运行原理，来治理调养自己的身体。由此，以"气"为基础的宇宙观，不仅塑造了古代中国人看待宇宙、自然和社会的基本方式，而且也塑造了他们看待自身身体的方式，并催生出一种独具中华特色的医疗术："气功"。[18]

练"气"不仅是一个人养护身体的手段，而且还是锤

人不仅由"气"构成,还可以能动地通过调节"气"来调整自己的小宇宙。统治者根据"气"的运行来安排社会,个人也根据"气"来调养自己。"气化宇宙"论产生了重要影响。这块玉器的每个立面都刻着若干铭文,记录着如何呼吸吐纳,均衡气息。

2-9 **行气玉柲铭**(战国)

天津历史博物馆藏

2-10 **行气导引图**（西汉）

湖南博物院藏

精英和民众都相信，通过练"气"，可以同时获得身体与精神的双重修养

《行气导引图》
复原图

67

炼精神的必修课。行气玉秘铭所记载的，可谓最早的气功练习方法。马王堆三号墓也出土了一套气功练习图例教材（图2-10）。稷下学名著《管子》中《内业》《心术上》《心术下》和《白心》四篇文献，则更为充分地讲解了如何通过保持心中之"气"均衡平和，来获取看待事物的正确眼光，从而使事物以积极的方式被自己左右和掌控。

通过练"气"而同时获得身体与精神的双重修养，这种实践不仅有医学意义，而且具有明确的伦理道德含义。这就使得"导气养生"的观念，很容易从医疗术进一步发展为用途更为广泛的修身术。这也是气化宇宙论能够在上自王宫贵胄下至一般民众的各阶层迅速受到欢迎的一个重要原因。

气化宇宙论一经发明，就被古代中国人当作能够解释一切的普适原理。不仅如前所述，用于指导人事运作、精神涵养和生理照护，甚至被用来解释宇宙万物本身的生成过程。战国形成的哲学文献《易传》，就依托气化宇宙论构造了一个从混沌之气中生出阴阳二气、又从阴阳二气中生出雷风水火山泽，最终化生出万物的"宇宙生成论"模型。

气化宇宙论可以说是一个古代中国版的"统一场理论"。它将可见与不可见世界的一切都纳入自身框架，给予自洽解释。在现代西方科学观进入中国之前，气化宇宙论的解释力，长达2000多年都无可撼动，一直影响到清代。[19] 但也正因此，中国文化中的"气"概念，在现代西方科学术语中也很难找到对应词。它在含义上既指某种具体而缥缈的"物质"，同时又指一种能散发能量的"物质状态"。[20] 李约瑟在某些场合中将"气"翻译为 matter-energy，也许最接近"气"在古代中国语境中的本意。[21]

公元前186年之后的二十年间，不幸陆续降临在地处内陆的长沙国轪侯家。精致的云气纹漆器终于派上了用场，通过"气"的方式，在地下世界继续帮助轪侯一家与宇宙万物沟通互联。这时，发源于渤海湾不远处齐国临淄地区的气化宇宙论，已经流行了两百多年。在这两百多年中，沧海桑田，人事变换，中华世界从诸侯逐鹿走向天下一统，而独奉法家的秦帝国也早已让位给汇通诸学的西汉帝国。

一个以"气"为构成根据、靠"气"互通互联的网状宇宙，有机而充满活性。它多样但不乏统一，各个部分互相交通感应，同时在互通互联中构成严密而不可分割的整体。它在宇宙中赋予人以独特的位置，使人处于联通万物的枢纽，承担起重要的协调性责任。这个庞大而统一、有机而灵动的宇宙观，为一个即将到来的统一而强有力的新型权力组织方式做了观念准备。

帝　国

公元前206年，刚刚成为汉王的刘邦问左右心腹，明明天上有五帝，秦帝国为什么只祭祀其中白、青、黄、赤四帝？心腹们答不上来。刘邦故作恍然地说道："我知道了，我就是那第五帝！"[22]

汉王远远低估了自己所提问题的深度。这番自我神化，不仅说明他没有充分估计到自己野心的历史分量，而且暴露出贫寒出身对一个人事业想象力的局限。若干年后，当回到家乡小沛的汉高祖刘邦感慨地唱起《大风歌》时，他应该就不会觉得成为"黑帝"有什么值得夸耀了。

当汉王还是汉王时，天下大概只有一个人曾真正触摸到这个问题本来的深度。他就是曾经被刘邦遥遥窥望过的"大丈夫"秦始皇嬴政。

公元前221年，嬴政灭掉战国最后一个主要诸侯国齐国。西周以来，天下终于再次一统。尽管不少大臣还有些糊涂，但嬴政却很清楚，数代人连年残酷征战的结局，并不是为了缔造另一个周王朝。[23] 诸侯分封共治的周代治理体系必须废止。只有依靠新的郡县体制，才能将庞大恢宏的"天下"重新凝聚在一起。中国文明的帝国时代就此开始。

嬴政给自己的新身份选配了一个前所未有的尊号："皇帝"。对一个小小诸侯王来说，梦想与天廷"五帝"并列，或许已经志气不小。但在皇帝眼里，"五"这个数量仍然太多了，只能令他不愉快地回忆起延绵数世纪的争霸战争。这位皇帝的真正意图，是要和"天帝"分治大地与天空。

帝国只能由层层累累的官僚系统来治理。各级公务人员之间依靠文书往来治理政务，传递着需求和命令，并以官印为信用凭证（图2-11）。在这个系统中，皇帝可以说是最高官僚，对一切事务和系统本身的运行负最高责任。

如果说在周天子的时代，《诗经》所言"普天之下，莫非王土；率土之滨，莫非王臣"，象征含义还远大于实际，那么到了帝国时代，依靠细密高效的官僚治理系统，普遍王权才算是真正有了落实。

西汉代秦后，经过四代皇帝的休养生息，刘邦的玄孙汉武帝刘彻，不仅真正见识到一个庞大而富庶的帝国所拥有的无上

2-11 铜鼻纽"澅丘左尉"印（秦）

故宫博物院藏

尊严，而且将这份权力运用到了极致。在他看来，如同普天之下只能有一个至尊君王那样，遥不可及的天上也只能存在一个与其对应的至高神。公元前133年，汉武帝听取亳人谬忌的建议，公开祭祀天上的最高神"太一"，并以"五帝"佐陪。[24]

其实，早在被汉武帝当作神灵祭祀之前，"太一"这个概念就已经存在很久了。比如著名出土文献郭店楚简《太一生水》篇，就将"太一"当作宇宙万物生成的起点，类似于前面提到的混沌之"气"。而在《楚辞·九歌》中，又以"东皇太一"的名称来表示楚地流行的至上神祇。到了西汉文帝也就是武帝刘彻爷爷的时代，"太一"概念逐渐变成一个大杂烩，吸收了从大地天空到战争和平各个领域中的神祇因素（图2-12），并专指至高神。

那么，西汉帝国为什么必须耸立一个作为至高神的太一观念呢？这就要从秦汉帝国所面临的一个共同难题说起。

为了将天下统一在一起，秦帝国自上而下建构起一套繁复严密的官僚体制，但秦始皇死后，这套官僚体制迅速失灵，秦帝国轰然倒塌。嬴政"万世一系"的愿望，最终在现实中变成"二世而亡"。

西汉帝国虽然从秦帝国制度中吸取了一些教训，并且重新引入了带有西周色彩的分封制度，但从根本上来说还是"汉承秦制"，维持了帝国体制，而没有回归西周政体。正因此，西汉帝国和秦帝国一样，都得解决如何在帝国体制下维系一个超大社会长治久安的问题。

仔细琢磨的话，这个问题其实包含了两方面的含义。

一方面，经过漫长的春秋战国时代，周的疆域早已分割为零散的区域治理单元。不同地区的民众，在生活方式、观念信仰和文化认同上，早已天差地别。如果没有恰当的办法，就无法将它们凝聚起来，整合出一个统一国家。秦的解题思路是实施严刑峻法，但事实却表明，只要铁腕稍有松懈，就立即分崩离析了。

另一方面，西周体制下的"中央"，不过是诸多王国中暂时拥有比较优势的"中央之国"。一旦地方力量兴起，或者自身实力衰落，天下一统的局面就会不可逆转地丧失。帝国体制的最大优势，就在于它能形成一个强有力的权力"中央"和真正的"全国性政府"。但问题在于，秦汉之前，天下人并没有见过这样一个新型权力结构。所以，如何让天下人普遍认同接受这种前所未有的新政体，以致变成他们"日用而不知"的观

西汉帝国为什么要立一个作为至高神的"太一"观念呢？西方汉学界将它译为 the Great Unity，可谓抓住了要害

2-12 **太一将行图**（西汉）

湖南博物院藏

念信仰，就是一个事关帝国存续正当性的大问题了。

因此，对于西汉帝国来说，建政后最迫切的任务，就是要建立一个集中、统一、能够吸收地区多样性并开展有效管治的超大社会治理模式。要完成这项不能失败的任务，政治、军事、经济、权谋等各种手段当然一样也不能少。但这其中，文化手段异常关键，运用得好将产生事半功倍的奇效。

"太一"神观念和信仰的确立，从根本上来说，就是要为这个超大帝国找到能够将各个方面因素统一在一起的文化基础。西方汉学界将"太一"这个概念译为the Great Unity，可谓抓住了要害。[25]

文化融合对于帝国的意义，秦始皇其实十分清楚。比如，统一度量衡的政策，不仅有政治经济含义，而且还有文化含义，说明秦始皇完全意识到，拥有统一疆域的帝国也必须同时拥有统一的导向性文化（图2-13）。

2-13 "廿六年诏"陶权
（秦）

陕西历史博物馆藏

个性强势的秦始皇实在是太相信强力，任由铁腕治理的思路蔓延到文化领域，而没有机会像刘邦那样，听到大臣发出"只能马上得天下，不能马上治天下"的诤言。[26]但是这并不等于说，他的身边就没人意识到头脑的问题不能靠刀斧解决。

实际上，早在秦统一六国之前，极富眼光的丞相吕不韦就已经着手为即将到来的新帝国做文化准备。他很清楚，强力也许能黏合出统一的疆域，却没法黏合出统一的头脑。如果你无法打败一个对手，那么就必须吸收他。所以，帝国的文化策略应当是极具包容性的，要尽可能将那些在各个地域、不同人群中广受尊敬的观念充分加以肯定，悉心修改，然后加以吸收，纳入帝国的整体文化中。只有这样，信奉每一种观念和信仰的人，才都能在帝国文化版图上找到自己的位置，获得生活的归属感。

于是，吕不韦依靠众多有文化的门客，编纂出了一部大全集《吕氏春秋》(图2-14)。这是一位自信满满的政治家为已经露出曙光的"大一统"帝国规划的思想大纲。这部大全集既兼收并包，也不缺乏主线，通篇贯穿了吕不韦对理想君主施政风格的期待：奉行黄老道家，虚己高拱无为。

为天下一统提供文化方案的念头，并非到吕不韦才产生。从春秋到战国，儒、墨、法诸家，无一不怀抱"只要采取了我的理论，天下就能归一"的心愿，到处游说有实力的诸侯王。这其中最为成功的大概属战国时期的阴阳家邹衍。

邹衍的学说，从宏大无比的宇宙一直说到幽微具体的人事，从陆地深处一直说到大洋尽头，从可见世界一直说到不可见世界。这些由小及大、由近及远的思想，庞杂但不混乱，始

《吕氏春秋》贯穿了对理想君主施政风格的期待：奉行黄老道家，虚己高拱无为

2-14 万历间张登云刊本
《吕氏春秋》（明）

美国国会图书馆藏

终贯穿着一个根本原则，这就是"五行相克"原理。[27]

对于邹衍来说，五行相克不仅是一种对世界的理论解释，更带有对未来的预测功能。也许正是这种预测性，使邹衍思想在诸子百家中脱颖而出，对困溺于尘世命运巨大不确定性之中的诸侯产生了巨大吸引力。邹衍的事业也因此相当成功。他所到之处，待遇都显赫得无以复加。

邹衍这套既有解释力又有预测力的五行相克原理，被充分吸收到《吕氏春秋》中。依托阴阳五行学说，吕不韦在这部书的"十二纪"部分，以一年为一个周期，细致阐释了君主应当如何行事，才能跟宇宙万物的运行很好搭配在一起，从而为国家招福避祸。

我们不知道吕不韦编写"十二纪"的真实用心，但的确很难忽略这样一个事实：既然"十二纪"宣称君主的行为必须配合宇宙万物运行之道，那么反过来说，宇宙万物运行之道岂不也约束了皇帝那些充满私欲的行为？对此，像嬴政这样精明的君主，又怎么可能看不出来？

公元前235年，还没有来得及看到大一统帝国模样的吕不韦，在饱受嬴政羞辱后，忧惧交加，饮鸩自杀。14年后，嬴政成为始皇帝；又过了14年，他的帝国彻底崩塌。在此期间，嬴政没有一天听从过"十二纪"的指令。这是一部从头到尾都完全一厢情愿的约束性文件。[28]

也许是对大一统之后的人间君主能否恰当驾驭过于强大的权力缺乏信心，在帝国体制还在襁褓之中时，以"天"道来约束皇帝的意图，就若隐若现地出现在古代中国思想世界中。吕不韦在这方面显然是一个不成功的先知。一百年后，刘邦之孙、第二代淮南王刘安效仿吕不韦，聚集起门客，编写了《淮南鸿烈》。

这部书同样以黄老道家思想为宗旨，兼收并包诸家学说。不同在于，刘安编写这部书的目的，矛头直指年轻好动的当朝皇帝刘彻。在某种意义上，这部书其实既有批判刘彻所作所为之意，又是将他重新引导到"虚己无为"好皇帝道路上的"君主宝鉴"。

但堂叔刘安不免有些托大，低估了皇帝刘彻的意志决心。公元前123年，治家无方、治郡国无方、蛮横偏执又优柔寡断的刘安，竟然起兵谋反了。这场犹如闹剧的叛乱很快被平息。之后刘安自杀，淮南国被废为九江郡。《淮南鸿烈》最终沦为又一部"古今图书资料汇编"。这是先秦两汉时期黄老道家视角的最后一部"君主宝鉴"。接下来，儒家就要登场了。

对于皇帝来说，"举贤良，求方略"这类事，既能在人才察举方面弥补挂漏，还可以向天下展示自己唯才是举的胸襟，所以刘彻对此乐此不疲。公元前134年，汉武帝下诏"举贤良"。这一次，廉洁而正直的儒学博士董仲舒抓住了机会，给皇帝呈上一份《举贤良对策》。

这份文件堪称历史上第一份儒家视角的帝国治理术大纲。它充分吸收阴阳家思想，对孔子以后的儒学思想做了重大改造，降低其中的理性化比重，将其与先秦以来形成的万物交感思想相杂糅，发展出一套"天人感应"学说。稍后，依托这个新式儒学理论，董仲舒建议皇帝"废黜百家、独尊儒术"。

表面上看，天人感应学说是延续了在自然世界和社会人事中建立关联的传统宇宙论思想。但是，它在理论重心上却悄悄将"交感"改造为"感应"。这样一来，"天"就不再是与"人"互动的平等对手,而是对"人"的品德和行动加以启蒙引导并时时开展监督考核的严肃师长。对于"天"来说,已经设定的各项规范是不容违背的,否则就要降下"灾异",用以敲打自己卑微胆怯的学生。实在必要时,灾异甚至会强大到彻底摧毁现存社会人事结构的地步,从而导致皇权更替、改朝换代。当然,这位老师也并非只罚不赏。如果"人"的品德和行动能始终满足"天"的要求,那么"天"也会降下"祥瑞",以兹嘉奖。

在董仲舒的天人感应思想中,"人"必须迎合"天",并且惶惶不安地生活在对"灾异"的恐惧和对"祥瑞"的期待之中。虽然皇帝作为"人"的最高代表,自然是万民臣服的对象,但他与"天"的关系,却并不是平起平坐的双头至尊。"天"规范了他的统治责任和义务。无论他是否愿意,也都只能接受通过"灾异"和"祥瑞"所传达的天意。就此而言,皇帝的言行举止无疑受到"天"的约束。

那么儒生呢?他们在这幅图景中扮演什么样的角色?在汇集了董仲舒一生思想的作品集《春秋繁露》中,这位勇敢的儒生宣布,人间最伟大的儒者孔子,其实并非颠沛流离的饱学之士,而是一位受命于天却从没有王座的"素王"。[29] 他是真正"得命于天"的人间君王。作为他的后嗣,儒生群体存在的最高意义和价值,就是帮助皇帝认识到"天"对人事的干预和指导,帮助皇帝不断将行为调整到"天"的要求上来,以便避免"灾异",迎接"祥瑞"。[30]

受这种信念的鼓舞,儒生们信心满满。只要天命在兹、道义在兹的信念足够坚强,就能令他们将一生的不得志视如烟云。

以"素王"孔子为楷模，此世这一点小小的挫折又算得了什么？

公元151年，住在山东嘉祥的另一位不得志的儒生武梁死了。临死之前，他为自己建造了一座伟大的祠堂。由西向东、从下到上，这座祠堂装饰了精美的汉砖壁画，描刻着祥瑞、神灵、明君、义士、忠臣、孝子的图案，表达了天、地、人的和谐。在东壁画最下层左角，也就是整个壁画叙事行将结束的地方，隐藏着一位富有尊严却未受官位的儒生。他庄严地坐在牛车里，永远地接受地方官员的致敬。这位儒生，就是武梁自己（图2-15）。[31] 他的这幅图像签名，在某种意义上也是两汉儒生对自身价值的经典定位。

然而，儒生的想法是一回事，皇帝的想法往往是另一回事。董仲舒先后给汉武帝呈送了三份建议，合并为"天人三策"，收入《汉书·董仲舒传》中。但汉武帝并没有真正重视过这些话，不仅不打算重用这位明显有着道德洁癖的博学大臣，甚至偶尔还不怀好意地故意将他置于危险境地之中。

就像吕不韦没有靠"十二纪"约束住嬴政一样，董仲舒也没有靠"天人感应"约束住刘彻。[32] 不过，政治生涯的失败并没有削弱董仲舒作为天下大儒的地位。公元前104年，两汉儒学宗师董仲舒去世，但他的思想影响力才刚刚开始。天人感应、灾异祥瑞的观念，在两汉之际日渐深入人心，成为上自皇亲贵族、下至黎民百姓的共同信仰。

天人感应思想在两汉的影响力，我们今天从《汉书》和《后汉书》中就可以直观感受到。满目的"祥瑞"与"灾异"

> 武梁是一位不得志的儒生。临死之前，他为自己建造了一座伟大的祠堂。在东壁画最下层左角，隐藏着一位富有尊严却未受官位的儒生：他庄严地坐在牛车里，永远地接受地方官员的致敬

2-15 武梁祠（东汉）东壁画像拓本

台北"中央研究院"藏

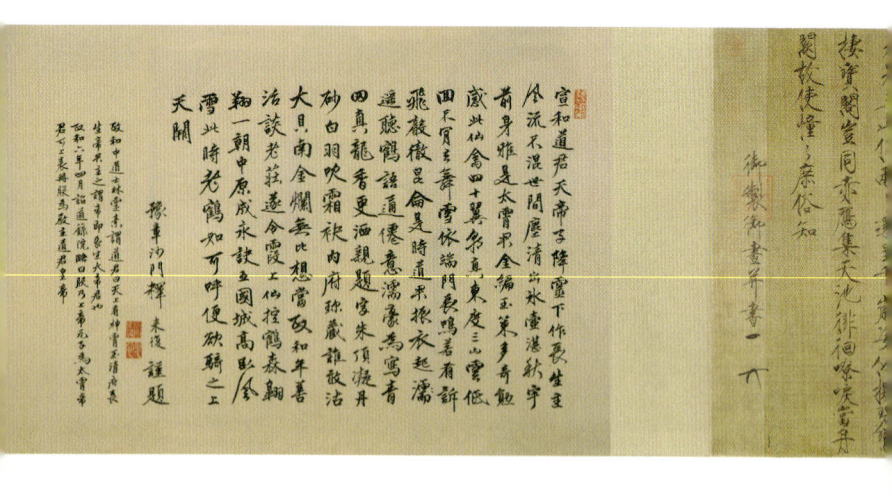

记录，让你误以为这个星球当时发生了什么了不得的环境突变。[33] 但其实，这只是在天人感应观念的摆布下，人对环境变化的敏感度日益尖锐的后果。[34]

这种敏感当然也会在皇帝的内心中经年累月地叠加。[35] 随着帝国治理能力的日益衰弱，皇帝的主观心境与客观政局不断互相强化，终于发酵出对于承担统治责任的恐惧。公元前5年，已经被各处呈送的"灾异"报告弄得心力憔悴的汉哀帝，从内心深处感到帝国大势已去。巨大的无能为力感压垮了这位皇帝最后的心智，他推倒已经苦心经营超过200年的帝国统治正当性，宣布自己要从"天"的手中"再受命"。

这一行动的实际意义无疑是自杀性的。虽然两个月后总算反应过来了的汉哀帝撤回了"再受命"诏书，但天下人却都已经看出，既然连皇帝自己都觉得改朝换代的时候到了，那么汉室倾塌大概就在眼前。于是，皇帝收到的"灾异"报告越来越多。与此同时，一位大臣发现，劝他称帝的"祥瑞"也越来越多。公元8年，王莽结束了西汉国祚，篡位称帝。虽然这位

2-16 瑞鹤图（北宋）

辽宁省博物馆藏

宋徽宗绘制《瑞鹤图》，记录下北宋帝国最后的"祥瑞"。"祥瑞"和"灾异"，实在是"天人感应"观念之下，人对环境变化日益敏感的结果

古往今来最大的伪君子饱受后世指责，但他本人却是"天人感应"的忠实信徒，直到15年后被绿林军杀死的那一天，都还坚信这一称帝举动应和了"祥瑞"。[36]

经过两汉帝国的涓滴，"天人感应"逐渐融入了古代中国思想文化的血脉。许多年后，面对着压境而来的金军，中国历史上最有艺术天赋的皇帝宋徽宗赵佶，仍然能沉稳地拿着笔，勾画一团团花鸟、一座座江山。心思细腻的宋徽宗并非真的已经昏聩到醉生梦死的境地，他其实是在尽一个无能为力的皇帝最后的职责。他要用画笔为苟延残喘的帝国记录下最后的"祥瑞"（图2-16）。[37]

离董仲舒向汉武帝献"天人三策"，这时已经过去了12个世纪。观念在诞生最初也许毫无力量，但谁又能想到，千年之后，它仍能如此深刻地左右一位人间君王？

仙　境

公元前3年，也就是汉哀帝建平四年，对于饱受灾异折磨的西汉帝国来说无疑雪上加霜。前一年较晚的时候刚刚发生了地震，此刻刚过正月却又出现了日食。在天人感应观念中，这都是大灾异的征兆。巨大的精神压力终于压垮了本已惶惶不安的帝国民众，使他们集体陷入"末日心态"中。于是，一场持续三个月之久、绵延天下三分之一郡国的大事件突然爆发。这就是"行西王母诏筹"事件。

根据史书记载，从这年正月开始，关东二十六郡国的民众，举止怪诞，行事诡异。一夜之间，人们全都佩戴上一根根小小的禾秆，并且彼此间传播谣言，说如果不这样做就会有灾祸降临。其中的数千人更加激进，他们赤脚散发、冲关越卡、破围翻墙，连奔带跑地窜入帝国首都长安。

时间很快就到了夏天。每到夜晚，他们就登上屋顶、点燃火把、敲鼓喊叫，似乎在通过什么神秘仪式，来表达对"西王母"的崇拜。整个事件从发端到收场，猛烈而自发，但具体目标却始终模糊不清。到了秋天，一切戛然而止。

在这场自始至终都显得有点莫名其妙的社会事件中，民众毫无疑问将西王母当作了有救赎法力的神来崇拜，在想象的世界中赋予她某种改变世道和时运的权能。

但"神"化的西王母观念，其实并不为当时的上层精英所接受。[38]实际上，公元前3年这一事件中所涌现出的西王母观念，是一个奇怪的文化特例。无论是甲骨文中第一次出现"西母"这个词，还是在后来的《山海经》《庄子》或者《淮南子》中，"西王母"都不是像西方文化中的耶稣基督那样的一位"救赎论"意义上的"神"。她只是一位"仙"。

尽管今天的汉语常常将"神"与"仙"并称，但从字源含义上说，"神"与"仙"其实是两个不同的概念。"仙"是"不朽"的人，"神"则属于某个高高在上又脱离人境的领域。在佛教进入中国之前，救赎论意义上的"神"，这个观念在古代中国思想文化中并没有位置。作为"仙"的"西王母"，仍然生活在我们这个宇宙时空中的某个地方，拥有自己充满乐趣的物质性家园。

两汉时期的图像和文字艺术，酷爱表达西王母的物质生活方式（图2-17）。在图像中，她经常坐在"仙草"灵芝的冠盖上，被奇妙而善良的禽兽比如九尾狐、三足乌、白鹿、白虎、玉兔以及蟾蜍所环绕，接受着它们的伺奉和服务。而在文字想象中的西王母则被进一步赋予了充沛的感受能力，不仅穿戴精美的衣服和饰物，比如她的标志性头饰"胜"（织机机牙，轮状），还酷爱吃喝取用美妙的食物和饮料，比如凤凰蛋和甘露。[39]

从《淮南子》开始，西王母的仙境家园，就与一个叫作"昆仑"的地方关联起来。昆仑本是西域一片峻岭的名称，是地理意义上的真实存在。但它离中原实在太过遥远，对于秦汉时人而言，属于只有靠神话和传说才能感受和理解的地方。这块魅影重重的土地，对梦想着如西王母般成"仙"的汉武帝刘彻格外具有吸引力。公元前138年，当武帝决定派日后名垂青史的大臣张骞出使西域，除台面上的政治军事理由，还潜藏着

西王母经常坐在"仙草"灵芝上，被奇妙而善良的禽兽环绕。虽然她被膜拜，但不是西方救赎论宗教意义上的"神"。她只是一位"仙"

2-17 **西王母乐宴图**（局部）

原画藏于陕西定边郝滩汉墓

寻找西王母、求取不死药的隐秘动机。

起码在这个时候，汉武帝心目中的成仙，与他的前辈秦始皇嬴政晚年孜孜以求的东西没有什么区别，都是寻找"不死"之道。"凡人不死"，这是古代中国观念中"不朽"的第一种含义。这种不朽观念的最高目标，是让一个人的生物状态悬止于成"仙"的那一刻，然后无限延伸下去，直到地老天荒。达到这个目的需要一些必要的技术手段，比如嗑丹药、练气功、登"仙"山，以及求助于号称掌握了"不死术"或者能与"仙"沟通的方士。

"仙"住在山上。这是从战国时期开始就流行的一种观念。汉武帝不仅派人前往西域昆仑山求仙，还亲自登上泰山之巅举行隐秘的封禅仪式，或者前往盛行此道的古齐地海边。直到去世前两年，他还再一次去了东莱，站在大海边，眺望想象中的仙山，久久不愿离开。[40]

在皇帝的亲自带动下，成仙的热情很快风行于整个帝国。但直至西汉中期，也只有见"仙"就求的汉武帝才会将西王母纳入修仙事业的关注范围。当时帝国各阶层的大部分民众还没有普遍信仰这位西域之"仙"。对他们而言，真正值得仰慕的"仙"，还是如古齐方士所说，都住在东海中的蓬莱岛上。为了缩小想象中的海上仙山与实际生活之间的距离，这一时期，一种故意将炉盖造成"山"型的熏香炉日渐风靡。[41]

我们今天在许多博物馆都可以看到这种叫作"博山炉"的器物。它们的材质和造型繁简度各有不同，不仅无声诉说着当初物主社会地位和财富水平的巨大差异，也从一个侧面说明

"成仙不朽"对于每一个凡夫俗子的巨大吸引力。迄今发现的博山炉中，最精美的一件发掘于河北满城汉墓，主人是中山靖王刘胜（图2-18）。

这件博山炉通体错金，精巧异常。它以云纹圈足环绕镂空海水，引出三条水中腾龙，托举起炉盘。云纹炉盘上，是山峦形炉盖。山峦间点缀小树，虎豹灵猴游走其中，猎人则追逐着自己的猎物野猪。整体图像充满"仙"山野趣。更加巧妙的是，地势起伏中悄悄安排了一个个小缝隙，一旦点燃香雾，烟气就翻腾出来，使整个炉盖更显神秘灵动。刘胜生前应该非常喜欢这件器物，以至即便不能生前靠它成仙，也决定死后让它陪葬。

人群中不死欲望最大的始终是皇帝。他们求助了不计其数的方士，又一次次带着被骗后的失望情绪砍掉这些人的脑袋。糜费资源、耗尽人力的求"仙"，有时候让大臣都看不下去。他们变着法子表达自己的劝诫。文采卓越的司马相如，就颇费心思地撰写了一篇《大人赋》。在这篇文章中，司马相如用文字展现了一个只有通过现代VR技术才能塑造出来的充满画面感的成仙之路。这条路上的艰难困苦不必多提，关键是即便终于到达昆仑仙境，所看到的也不过是苍老白发的西王母在三足乌的陪伴下，寂寞地守着自己冷清的山洞。[42]司马相如希望汉武帝能够明白，活得久并不等于活得好，生命的长度并不等于生命的质量。一个人就算历经艰苦最终成仙，等待他的生活也终归不值一过。

要扑灭皇帝的永生欲望，靠几篇文章是远远不够的。只有死亡本身，才能让他们接受"凡人皆有一死"的真相。晚年极

中山靖王刘胜一定非常喜欢这件"博山炉",以至即便不能生前靠它"成仙",死后也要让它陪葬。在当时,"成仙不朽"对于每一个人都有着巨大吸引力

2-18 西汉错金博山炉

河北博物院藏

端惧怕死亡而又求仙不得的汉武帝，在轻信谗言无端发动"巫蛊之祸"逼死太子后，才终于意识到人生恍如朝夕、自己必死无疑。

虽然永生毫无可能，但成仙之路也并不因此就会中断。一种更加复杂，也更加具有文化意义的不朽观念由此产生：死后成仙。依照这种观念，死亡并非只是对生命状态的否定，它也是一扇门、一个转换通道。就一个凡人而言，死亡的确是他"今生"必然的归宿，但意外在于，"另一种可能生活"也许才刚刚开始。

听起来有些迷信的"死后成仙"，其实并不只是古人头脑简单的一时幻念。这个观念的背后有着丰厚的哲学观念基础，它是有知识的古代中国人依靠气化宇宙论，对人体机能和生命本质加以理性反思的结果。在一定程度上，它补偿了天人感应思想的一个重大不足：没有为"人死后归于宇宙何处"这个问题预留适当位置。[43]

"死后成仙"背后的哲学观念，根植于远早于秦汉的古老"魂魄"学说。公元前543年，郑国大臣伯友叛乱失败，战死在城中大街上。八年后，郑国突然出现一则谣言，说伯友此刻正化为厉鬼，在城中为非作歹。仁义厚道的郑国大臣子产采取措施，封立伯友后代，总算平息了这件事。不久，子产到晋国访问，对此事很好奇的赵景子问他：伯友难道真变成了鬼？子产回答说：人身上有两个部分，分别是"魂"与"魄"。如果一个人活着时吃得好喝得好，死后他的"魂""魄"就更加难以消散离体。考虑到伯友的家世条件，死后为鬼，魂魄难散，是可以理解的。[44]

这场对话记录在《左传·昭公七年》中。子产的观点明显带有精英主义色彩。但他对人体机能所采取的结构化理解，深刻影响了后来儒家的灵魂学说。[45] 到了《礼记·郊特牲》中，儒家的思想家又进一步使之与气化宇宙论和阴阳学说结合起来，明确提出"魂气归于天，形魄归于地"的说法。

从子产观点发展出来的"魂魄二元论"，最迟到汉代就已经成为上层精英的共同知识和信仰。[46] 在这种观点看来，活着的人的"魂"和"魄"统一于健康的身体之中，是知识和智慧的源泉；而对于一个死了的人，虽然"魄"将随肉体的湮灭一同坠入永恒黑暗之中，"魂"则未必如此。只要经过恰当的礼仪和环境安排，"魂"最终有望离开埋葬着肉体的地下世界，登入天界，继续过一种充满智慧和能动性的"生活"。[47]

"死后成仙"信仰的核心，是"魂"的升天。西汉乃至早至战国时期的墓葬中，经常以图绘的亭、门、窗等方式来表达死亡作为通往"另一种生活"的"门槛"的意义。[48] 在跨过死亡这个门槛之后，"魄"与将要朽败的身体一起留在地下，但"魂"还将继续踏上一段新的希望之旅，直到抵达死者生前梦寐以求的仙境。

马王堆一号墓出土的也许是用作"旌铭"的著名T型帛画，经典地表达了这些思想（图2-19）。[49] 帛画上的图案无比明确地呈现了"地下—人间—天堂"三层生存空间。人间庄重肃穆，天堂端庄和谐。轪侯夫人在云雾升腾中接受子孙的祭拜，即将进入天堂的门槛。伟大而至上的神"太一"则由日月拱卫，端坐在画面的最上方正中间，垂视整个仙境。帛画的作者希望轪侯夫人的"魂"，在那里找到最后的应许

2-19 马王堆一号墓帛画
（西汉）

湖南博物院藏

帛画清晰呈现了"地下—人间—天堂"的三重生存空间。"黄泉"不仅有秩序，而且尊重产权

92

之地。

有趣之处在于,当"魂"踏入仙境时,"魄"也并非只困锁于潮湿与阴暗的地底。软侯夫人的孝子贤孙们,为她即将入圹的"魄"考虑得十分周到。他们在椁的周围安排了大量的美食、美酒、熏香和精巧用具,甚至还准备了一支歌舞乐团。在乐团的对面,越过包裹着软侯夫人的四重棺,安顿着一张没有主人的坐席。坐席前的案几上准备好了全套餐饮用具。孝子贤孙们不遗余力,为软侯夫人的"魄"能继续人间未完成的精彩生活创造着条件。

公元前2世纪,"地狱"观念在古代中国文化中还未形成。根据楚地的信仰,"黄泉"毋宁说有点像一个"水世界"。就像这幅T形帛画所表现的那样,里面住着大鱼,而原始的神则奋力托举着浮于水面的四方大地。但与此同时,一种新的地下世界观念也在萌芽。马王堆一号墓和三号墓都有"遣策"出土。这是一种孝子贤孙帮助墓主向掌管幽冥世界的地下官员申报和主张财产的法律文件。这些遣策表明,早在西汉初期,人们就已经根据帝国行政制度,将黄泉想象成一个依靠官僚系统运作的复杂世界。那里不仅有秩序,而且尊重产权。

300多年之后,一个司法化的"阴间"观念日渐成型。活人所想象的地下世界,变得越来越像一个人间监狱。人们甚至像为仙境指派真实地理位置一样,将它安排在泰山。[50]从此,死者离开此世之后的首要目标,不是寻求"死后不朽"、登入仙境,而是要尽最大努力避免坠入可怕的地狱深渊。接下来,佛教即将进入中国。到那时,"因果"思想将进一步强化人们对注定要踏过死亡门槛的恐惧,而古代中国的宇宙、天堂与人世观念，从此也将为之大变。

秦汉帝国时期的宇宙和生死观念，在儒家孝道思想的推波助澜下，表现为社会生活中广泛存在的"厚葬"行为。在乡里乡亲的舆论环境中，为了博得"孝子"的名声，人们不惜"发屋卖业"来埋葬自己的先人。对此，公元1世纪，矜才负气、性格古怪的东汉小吏王充，用嫉世愤俗的言论，触碰到一个至关重要的哲学问题。他指出，人死之后继续"生活"的前提，是"魂""魄"必须拥有智能，但气化宇宙论其实恰恰对此未置一词。如果"魂""魄"没有智能，那么子产和他的思想后嗣就都是错的。人死不为"鬼"，而尽孝道的最佳时机，就在祖辈活着的当下。

伟大的唯物主义者王充当然是对的。但奇妙和矛盾也恰恰在于，如果没有一次次追求永恒和不朽的观念试验，那么古代文明也就不可能以物质的形式，在时空流转中雕凿出痕迹。正是凭借那些曾被深信的错误观念，秦汉帝国的生活、观念和信仰才得以掩埋在大地中，以至于两个千年之后，甚至更遥远的以后，我们和我们的后人，依然能够触摸我们祖先生活的温度，感受他们的悲伤与欢乐、恐惧与希望。

注释

1
《史记·天官书》："五星分天之中，积于东方，中国利；积于西方，外国用（兵）者利。五星皆从辰星而聚于一舍，其所舍之国可以法致天下。"

2
冯时：《文明以止：上古的天文、思想与制度》，中国社会科学出版社，2018年版，第13-42页。

3

《史记·天官书》："斗为帝车，运于中央，临制四乡。"

4

冯时：《文明以止：上古的天文、思想与制度》，中国社会科学出版社，2018年版，第18页。

5

参考冯时：《星汉流年》，四川教育出版社，1996年版，第160—186页。

6

曾侯乙墓的发掘报告最初将其当作一个字，此说产生了很大影响。参见：《曾侯乙墓》（上），中国社会科学院考古研究所编辑，文物出版社，1989年版，第354页。李零先生后来经过严密考证，认定此为二字合成。参见李零：《李零自选集》，广西师范大学出版社，1998年版，第250页。

7

冯时：《文明以止：上古的天文、思想与制度》，中国社会科学出版社，2018年版，第41页。

8

《史记·秦始皇本纪》："以水银为百川江河大海，机相灌输，上具天文，下具地理。以人鱼膏为烛，度不灭者久之。"

9

巫鸿：《礼仪中的美术》，生活·读书·新知三联书店，2016年版，第645页。

10

根据鲁惟一的考证，规矩镜的纹样经过了五行宇宙论、寻找永生、西王母崇拜等主题的变化，与两汉知识和信仰的发展变化基本一致。其中五行宇宙论的流行主要集中在公元前50年以后的一百多年间。参见Michael Loewe, *Ways to Paradise*, George Allen and Unwin, 1979, Chap.3. 此外，鲁惟一还认为TLV镜是仿效典型化的式样，选取天、地盘处于最佳位置，使之固定化，借以沟通天人，祈降福祉。

11

尽管许多学者已经达成共识，认为TLV镜象征宇宙缩影，并且普遍同意V形纹表示天的边界，但对于L和T形纹的含义，则尚存在分歧。

12

如果细分的话，出土文物中可见的汉代云纹样，包括了云气纹、拟物云纹和云膚纹三种。其中云膚纹是《后汉书·舆服志》所记专为王公贵族所用的云纹，它的典型物证，是马王堆一号汉墓出土的"黑地彩绘棺"。参见练春海：《汉代壁画与中国古人的元气观》，《民族艺术》，2020年第5期。

13

据学者考证，六博棋类型大约有7种之多。参见黄儒宣：《六博棋局的演变》，《中原文物》，2010年第1期。

14

李零：《中国方术正考》，中华书局，

2006年版，第127页，第133-135页。

15
大概正因为如此，到三国时，尤其在富庶的东吴地区，六博棋已经完全演变成赌具。为此，吴国太子孙和命令自己的大臣韦昭写作《博弈论》劝导世人。其中就提到："今世人之多不务经术，好玩博弈，废事弃业，忘寝与食，穷日尽明，继以脂烛。"

16
参见佚名：《海昏简牍中发现千余枚汉代"六博"棋谱》，《文物鉴定与鉴赏》，2019年第2期（下）。

17
从文字学上看，"气"字要到战国初期才开始出现在青铜器铭文上。虽然从殷商卜辞到春秋铭文，都可以发现一些类似于"气"的字，它们都指的是经验中可观察到的气化物理现象，如此处提到的烟气、蒸汽、云气、雾气、呼吸吐纳之气等等。"气"作为一个抽象哲学概念，被当作解释宇宙万物的基础结构，这是战国时期稷下学官的思想成就。参见李存山：《中国气论探源与发微》，中国社会科学出版社，1990年版，第21-30页。

18
基于气化宇宙论观念，稷下学派著作《黄帝内经·素问·举痛论》中明确说道："百病生于气。"

19
张岱年：《中国哲学大纲》，中华书局，2017年版，第87-101页，以及第128-142页。

20
日本学者小野泽精一在一项精彩的研究中指出，中国的"气"概念倾向于作为生命基础的运动能量、含有具体性的实质、与外貌有关的东西，用以描述组成人和自然的生命、物质运动能量。参见小野泽精一等编：《气的思想》，李庆译，上海人民出版社，2014年版，第4-5页。

21
转引自李存山：《中国气论探源与发微》，中国社会科学出版社，1990年版，第125页。

22
《史记·封禅书》："二年，东击项籍而还入关，问：'故秦时上帝祠何帝也？'对曰：'四帝，有白、青、黄、赤帝之祠。'高祖曰：'吾闻天有五帝，而有四，何也？'莫知其说。于是高祖曰：'吾知之矣，乃待我而具五也。'"

23
李峰：《西周的灭亡：中国早期国家的地理和政治危机》，上海古籍出版社，2016年版，第297-316页。

24
《汉书·志·郊祀志上》："亳人谬忌奏祠泰一方，曰：'天神贵者泰一，泰一佐曰五帝。古者天子以春秋祭泰一东南郊，日一太牢，七日，为坛开八通之鬼道。'于是,天子令太祝立其祠长安城东南郊,常奉祠如忌方。"

25
一个例子,参见Jessica Rawson,"The Eternal Palaces of the Western Han: A New View of the Universe", *Artibus Asiae*, 1999, pp.5-58.

26
《史记·郦生陆贾列传》:"陆生时时前说称《诗》《书》。高帝骂之曰:'乃公居马上而得之,安事《诗》《书》!'陆生曰:'居马上得之,宁可以马上治之乎?且汤武逆取而以顺守之,文武并用,长久之术也。……'"

27
《史记·孟子荀卿列传》:"其语闳大不经,必先验小物,推而大之,至于无垠。先序今以上至黄帝,学者所共术,大并世盛衰,因载其禨祥度制,推而远之,至天地未生,窈冥不可考而原也。……以为儒者所谓中国者,于天下乃八十一分居其一分耳。"

28
参见徐复观:《两汉思想史》(第二卷),九州出版社,2014年版,第72-77页。

29
冯友兰先生指出,孔子究竟是一个学者还是一个受命于天的王,这是古文经学与今文经学的根本分歧点;孔子究竟是一个人还是一个神,这是古文经学与谶纬的根本分歧点。参见冯友兰:《中国哲学史新编》(中卷),商务印书馆,2020年版,第201页。

30
史华兹指出,儒生的作用并不是"控制"自然,而是通过"调配"人事与自然的关系,可以极大扩展对人事运作方向的控制力。参见[美]史华兹:《古代中国的思想世界》,程钢译,江苏人民出版社,2013年版,第379页。

31
巫鸿:《武梁祠:中国古代画像艺术的思想性》,生活·读书·新知三联书店,2015年版,第227-231页。

32
史华兹指出,由于汉武帝对于直接与超自然世界沟通的欲望到了无节制的地步,董仲舒宇宙论中所表达的禁止与限制作用的"天人感应"学说就显得令人震惊而意义非凡。参见[美]史华兹:《古代中国的思想世界》,程钢译,江苏人民出版社,2013年版,第387页。

33
但也有学者认为,西汉末期中国东中部地区气温有所变冷,平均气温约比汉初低1.6摄氏度,对农业的影响不可谓不大,以至于达到《汉书·孔光传》所载"阴阳错谬,岁比不登,天下空虚,百姓饥馑"的地步。参见葛全胜:《中国历朝气候变化》,科学出版社,2011年版。

34

参见陈侃理：《儒学、数术与政治：灾异的政治文化史》，北京大学出版社，2016年版。

35

两汉共18位皇帝颁布罪己诏，其中60次与"灾异"有关。参见郗文倩：《汉代的罪己诏：文体与文化》，《福建师范大学学报（哲学社会科学版）》，2012年第5期。

36

王莽在某种意义上是一个笃信"天人感应"的人。即使在兵败垂成之际，他也深信自己是天心所向，而且主动迎着"天"意到了令人瞠目的地步。史书记载，在最后的时日里，王莽要天文官端着式盘，随时测算天象，而自己则根据北斗斗柄所指，调整座位方向。《汉书·王莽传》："天文郎桉栻于前，日时加某，莽旋席随斗柄而坐，曰：'天生德于予，汉兵其如予何！'"

37

[美]伊沛霞：《宋徽宗》，韩华译，广西师范大学出版社，2018年版，第220-224页。

38

参见邢志南：《先仙后神：西王母民间信仰倾向》，《中国社会科学报》，2019年1月10日第8版。

39

Michael Loewe, *Ways to Paradise*, George Allen and Unwin, 1979, Chap.4.

40

《资治通鉴·卷二十二》："上行幸东莱，临大海，欲浮海求神山。群臣谏，上弗听；而大风晦冥，海水沸涌。上留十余日，不得御楼船，乃还。"

41

博山炉的形成，也跟香料变化有关。孙机：《中国古代物质文化》，中华书局，2014年版。

42

司马相如《大人赋》："登阆风而遥集兮，亢乌腾而一止。低回阴山翔以纡曲兮，吾乃今日睹西王母？曒然白首，戴胜而穴处兮，亦幸有三足乌为之使。必长生若此而不死兮，虽济万世不足以喜。"

43

Michael Loewe, *Ways to Paradise*, George Allen and Unwin, 1979, pp.8-9.

44

《左传·昭公七年》："郑人相惊以伯有，曰：伯有至矣，则皆走，不知所往。铸刑书之岁二月，或梦伯有介而行，曰：壬子，余将杀带也，明年壬寅，余又将杀段也。及壬子，驷带卒，国人益惧。齐燕平之月，壬寅，公孙段卒，国人愈惧。其明月，子产立公孙泄及良止以抚之，乃止。子大叔问其故，子产曰：鬼有所归，乃不为厉，吾为之归也。大叔曰：公孙泄何为？子产曰：说也，为身无义而图说，从政有所反之以取媚也，不媚不信，不信，民不从也。及子产适晋，赵景子问焉，曰：伯有犹能为鬼乎？子产曰：能。人生始化曰魄，既生魄，阳曰魂，用物精多，则魂魄强，是以有精爽，至于神明。匹夫匹妇强死，其魂魄犹能冯依于人，以为淫厉，况良霄。我先君穆公之胄，子良之孙，子耳之子，敝邑之卿，从政三世矣，郑虽无腆，抑谚曰'蕞尔国'而三世执其政柄，其用物也弘矣，其取精也多矣，其族又大，所冯厚矣。而强死，能为鬼，不亦宜乎。"

45
参见钱穆：《灵魂与心》，广西师范大学出版社，2004年版，第1-15页。

46
余英时：《东汉生死观》，侯旭东等译，上海古籍出版社，2005年版，第140页。

47
《礼记》说："二端既立，报以二礼。"因此，在中国古代墓葬"庙墓合一"之前，地上的庙祭"魂"，地下的墓则祭"魄"。

48
参见巫鸿：《超越大限：苍山石刻与墓葬叙事画像》，收于《礼仪中的美术》，生活·读书·新知三联书店，2016年版。

49
典型的升仙意向一度使学者指认帛画为"复礼"中的"招魂幡"。余英时和林巴奈夫即采信这个观点。但正如巫鸿提供的文献证据所说，"复衣不以衣尸，不以敛"（《礼记·丧大记》）。"招魂幡"是不会随死者一起下葬的。马雍自1979年起提供了一种影响深远的观点，认为是"旌铭"，用于在停柩待葬的仪式程序中象征和标识死者。这个观点受到巫鸿等学者的支持。

50
死后惩罚的观念在公元2世纪开始出现。这一时期的著作《太平经》中，开始对类似于人间监狱的"阴间"概念有所描绘。参见余英时：《东汉生死观》，上海古籍出版社，2005年版，第149-150页。

多元与统一

3-1 青瓷釉下彩羽人纹
盘口壶（三国）

南京六朝博物馆藏

以浮雕工艺制作的人物形象，结跏趺坐在仙气和羽人之间，这位"神人"的形象，就是远道而来的释迦牟尼

南京六朝博物馆中，收藏了一件"青瓷釉下彩羽人纹盘口壶"（图3-1）。略显拗口的名称背后，隐藏着不同寻常的信息。这件属于三国时代吴国的物器，是中国已知最早的以釉下彩工艺烧制的瓷器。它的出土，将"釉下彩工艺始于唐代"的认识提前了400多年。

除此之外，这件盘口壶还是中国已知最早的以绘画技术为装饰的瓷器。器身绘有上下两排共21位持"节"羽人。这些仙人站在线条所勾画出的丝丝云气和飘飘仙草之间，仿佛承载着在天地人神之间摆渡灵魂的使命。

"节"是皇帝的信物，是帝国展示给异乡他者观看的权力象征。当初，汉武帝的大臣张骞，正是持着皇帝亲授的"节"，翻山越岭，历经磨难，一直走到今天的阿富汗瓦齐拉巴德地区，代表西汉帝国第一次见证中亚大陆的起伏与辽阔，并最后获得了"博望侯"这个名副其实的封号。

吴国工匠在壶身绘制的这幅画作，显然受到两汉交通使"持节"事迹的启发。此刻，离张骞出使西域，三个半世纪已经过去。岁月如梭，世间早已物是人非。作为中国文明的第一次帝国试验，秦汉帝国的制度、思想和观念遭遇了全方位的深刻危机。中央权力系统的平衡，在宦官、外戚和权臣的一次次冲突中，最终无法挽回地走向彻底崩溃。

在维持了24年名义上的统一后，公元220年，失重的帝国最终瓦解。东汉献帝宣布"禅位"于曹丕。第二年，刘备在成都称帝。八年以后，孙权在江南宣布自己是吴国皇帝。统一而强大的中华世界，从此进入长达近400年的动荡和分裂。

但这件制作于动荡与分裂时代的"青瓷釉下彩羽人纹盘口壶"，却像一个历史预言，透露出中国文明将拥有再次融合与统一的未来。仔细观看器身，不难发现，两个以浮雕工艺制作的人物形象，结跏趺坐在仙气和羽人之间，试图摹刻同一位"神人"的形象。在吴国工匠的心中，这位神人也许只是秦汉方士信仰中神仙一样的存在，是西王母、东王公之外又一位被盲目崇拜的神灵。他们并不知道，这尊叫作"释迦牟尼"的神人形象，源自遥远的南亚次大陆，是跟随着商队、探险家和亡命之徒，走过了漫长的陆路或水路，才从古国大月氏，也就是今天阿富汗和巴基斯坦所在的地方，走到中土洛阳，渡过淮河和长江之间那片游荡着野象和猛兽的山林，进入当时尚未开发的江南。[1]

驼铃、军人和商队，不仅带来佛陀的信仰，还将给中华大地带来更多奇妙的人、事、物。这些异域他乡的文明与文化，将在中国文明的熔炉中被筛选、精炼、融合。在接下来的400年里，中国文明将以动荡和分裂为代价，给自己的秦汉文化底色增添许多异质神采。在这场旷日持久的动荡尽头，将耸立起一个更高水平、更加多元的统一帝国，那就是迄今都令人类为之瞩目的隋唐帝国。

名　教

西汉成帝的师傅叫张禹。此人奢靡贪财，恃宠谋私。晚年时，汉成帝因天灾异象，对大臣曲阳侯王根起了戒心，为此秘密到张禹府邸听取他的意见。但张禹考虑到自己已垂老待毙，又念及子孙未来的荣华，就巧言保全了王根一门。许多年以后，王根临终之际，力荐自己二哥的儿子替代自己担任大司马。这人就是后来篡汉的王莽。因此，倒溯因果线的话，不能不说张禹当初出于一己私心对王根的保全，确实对西汉帝室的倾覆负有一定责任，所以史家一般对张禹评价不高，其在史书中的形象，也是貌忠实奸的样子。

老虎的屁股偏就有人去摸。正当张禹宠焰日盛，一位叫作朱云的小官，却上书求见成帝，当着张禹和一众公卿大臣的面，要皇帝赐自己一方尚方斩马剑，斩了张禹。据史书记载，成帝听后勃然大怒，喝令御史将朱云拖出去，准备治其不赦之罪。朱云却死死抱着殿前栏杆，大呼："皇帝是要我去跟龙逢、比干这样的大忠臣在地下相伴，我可太心满意足了！就是不知道你这汉家圣朝将来可怎么办啊！"

也许是过于紧张、用力实在太猛，木制栏杆都被朱云折断了。关键时刻，左将军辛庆忌免冠替朱云求饶，而颇有反思精神的汉成帝怒气也消掉大半，最后就饶恕了朱云，事后还吩咐人不要修理这些栏杆，以表彰朱云的忠贞，并用以提醒自己日后应当善待直言的大臣。

汉成帝的姿态多少带有表演性质，因为他对整个事情的处理故意模糊了焦点，丝毫不涉及当事人张禹。但这场君臣故事，在结局处仍然相当接近儒家所提倡的"君使臣以礼，臣事

故实规鉴画,意在借著名历史事件来劝诫和教育观赏者,在宋代文人画出现之前,伦理教化一直是中国古代绘画艺术的首要功能

3-2 佚名《折槛图》(南宋)
台北故宫博物院藏

君以忠"的理想化君臣关系，因此，"朱云折槛"就成了中国古代人物绘画的一个重要母题。

1000多年后，南宋宫廷画家本着劝诫他们的君主做一个从贤纳谏好皇帝的心思，绘制了一幅精彩的画作，就叫作《折槛图》(图3-2)。这幅画作目前有两个水平难分高下的摹本，分别藏于台北故宫博物院和北京徐悲鸿博物馆。其中藏于台北故宫博物院的那幅，还题有乾隆皇帝的御制诗。想必这位堪称"弹幕大王"的清朝皇帝，正是想通过品鉴题诗这幅画，来彰显自己的圣君品质。

表现历史上的某一著名事件，刻画事件主角的形象与神采，以此传递对观赏者的劝诫和教育，最终使画作发挥伦理教化功能，这在宋代文人画出现之前，一直是中国古代绘画艺术的首要功能所在。这种类型的人物画，又称为"故实规鉴画"。[2]

除了《折槛图》这样紧扣"忠"观念的作品之外，故实规鉴画也常常表现"孝""节"或"义"主题。在迄今存世的文物中，最早的这类题材作品常见于两汉石刻或砖刻人物画像中。即使到了魏晋时期，也依然为信奉儒家价值观的士大夫阶层所重视。比如说，顾恺之原作于东晋的《女史箴图》，就是一幅试图从"节"的角度来教化观者的绢本设色故实规鉴画作品。

收藏于大英博物馆的《女史箴图》，由于复杂的流转历史，已经被分割成三段。其中一段，据推测很可能是原作在5-8世纪期间的一个极好摹本(图3-3)。这幅画预期中的观者，是深居宫廷的帝王和他的后宫宠妃。

公元249年，司马懿趁着政敌曹爽到高平陵谒陵，发动"高平陵之变"，事实上掌握了曹魏政权。16年后，他的孙子司

107

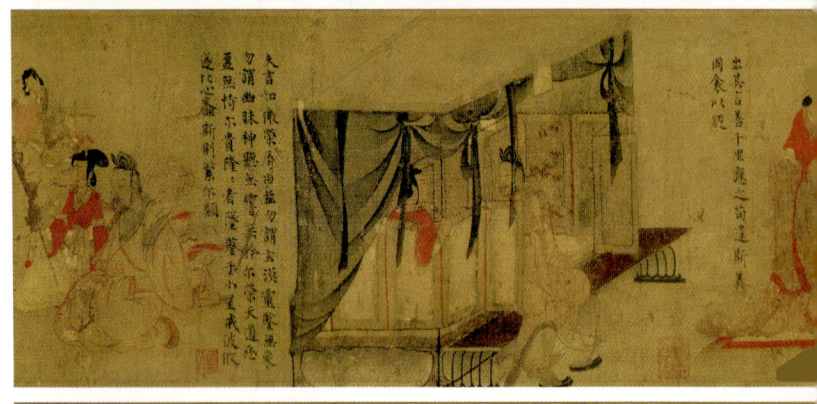

另一著名故实规鉴画。画作预期中的观者，是深居宫廷的帝王和他的后宫宠妃

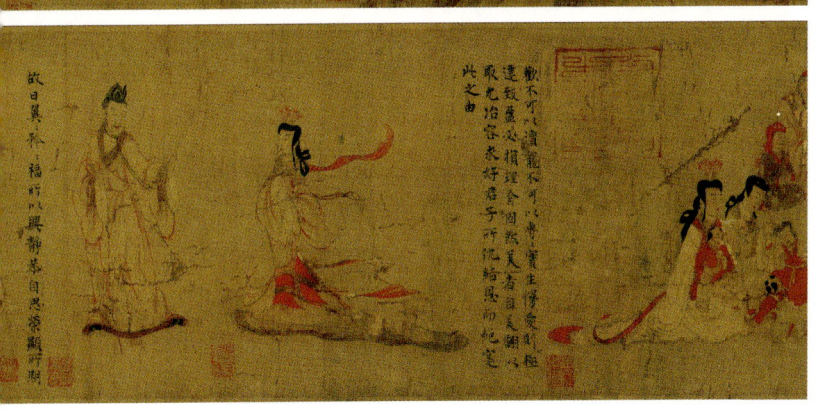

3-3 **女史箴图**（5-8世纪摹本）

大英博物馆藏

马炎正式以晋代魏，并在公元280年灭除吴国，实现了从三国到隋唐之间中华大地短暂的统一。但是，开创"太康之治"的司马炎，最终却断不了骨肉私心，临终之前犯了一个重大错误，将继承权交给了太子司马衷，其智力之低下，在当时可说是无人不知。最终，帝国的大权毫无意外地落在皇后贾南风手里。

在接下来的10年里，贾后及其外戚集团依靠残暴阴毒的宫廷权谋，将帝国国本消耗一空，最终又被野心勃勃的赵王司马伦找了个"谋害太子"的借口一举消灭。为了掌握权力，司马伦在击溃贾氏集团后不久，就开始了对大臣的屠戮。死于非命的人中有一位叫作张华的司空。早在九年多前，他就对西晋政权的前途感到不安，于是撰写了《女史箴》这篇长诗，试图劝诫荒淫残暴的贾后。

在对女性充满偏见的古代世界，人们往往无法将宫廷斗争的实质理解为内在于人性的欲望和权力角逐，反而常常对此采取道德化解释，认为是女性当事人"妇德"不彰导致的后果。在张华这种深受儒家思想熏陶的世家勋臣看来，既然儒家礼仪已经对女性在社会生活特别是夫妻关系中的地位和角色有明确规定，那么，只要女性恪守自己的"妇道"，小到一个家庭、大到一个帝国，就不会走向崩溃。

受这一充满历史局限的观点影响，张华不可避免地将导致西晋帝国混乱的可能责任全部归结到贾后有违儒家礼仪的放荡举止和败坏品格上。因此，他从史书中找到10个关于女性严守儒家道德的著名故事，以华丽的文采编纂成诗，满心期待母仪天下的晋室后宫女主，能成为一个更好的宫廷妇女。顾恺之后来绘制的《女史箴图》，又以图像的方式对这10个故事再次做出表述，并为引言和结语配画，构成12幅画面相对独立，但又彼此连为一体的长卷。

司马炎死后的10年，是西晋急剧由强盛转向灭亡的关键时期。到了公元316年，趁着"八王之乱"进入中土的西域军事势力，早已尾大不掉。千疮百孔的西晋帝国，也就在这一年遭受了最后一击。司马氏家族费尽心思苦干三代才积累下的帝业资本，最终却落在外人贾后的手里，短短十年就挥霍一空。这对于司马氏后人来说，刺激之大、教训之深、遗憾之重，实在是不难想象。168年后，晋宣帝司马懿四弟的第九代后嗣司马金龙死了。在他和妻子的合葬墓中，随葬了一件彩绘人物故事漆屏（图3-4）。

这幅综合取材于西汉文学作品《列女传》和张华《女史箴》的彩绘漆屏，在画风和技法上明白无误地继承了顾恺之的笔风与笔意，但艺术上的价值对于墓主来说也许根本不重要，因为真正重要的是，它在思想上严格接续了张华所试图表达的儒家道德观点，将妇女能否守"节"，看作一个百世之家巩固兴旺的关键。这些幸免于时间腐蚀的精美漆画，似乎正发出一声轻叹，吐露出生前受封北魏王朝琅琊王的司马金龙，即使在安排与自己鲜卑族妻子的死后生活时，仍然还残留着面对祖先帝业不可挽回的凋零而无法了断的惆怅和遗憾。

无论《折槛图》所表达的"忠"，还是《女史箴图》所表达的"节"，都属于传统儒家核心价值观范畴。早在董仲舒思想中，它们就是"三纲五常"价值观的核心组成部分。公元79年，东汉章帝在洛阳白虎观召集会议，综合两汉宇宙论世界观和儒家经典著作，核定出一套皇室认证、天下通行的儒学

虞帝舜母握登 | 有虞帝舜 邦娥皇女英

周室三母

周姜 周太任 周太姒

魯師春姜

漢成帝班倢伃

价值原则系统。会后，根据皇帝的指示，史学家班固编纂出《白虎通义》一书。白虎观会议的理论成果由此流传下来。

《白虎通义》借鉴董仲舒的天人感应学说，以宇宙万物的自然关系，比附出人间社会君臣、父子、夫妇之间的关系，从而形成了此后对中国古代社会运行和治理方式影响深远的"三纲六纪"学说。

所谓三纲六纪，不仅试图调节君臣、父子、夫妇这三对基本社会关系，而且也按照儒家理想，明确指示出了宗族、家庭、师生、朋友之间分别应当遵循的道德关系和交往方式，可以说对古代中国社会所能够形成的各种人类关系形式无一例外都做出了规范。在三纲六纪中，君臣关系犹如日月，父子关系犹如五行相生，夫妻关系犹如六合变化，分别对应着天、地、人三界的自然状态。[3]所以，描绘"忠"的画作，犹如描绘天界不变的法则；描绘"节"的画作，则犹如描绘人间应然的铁律。

三纲六纪思想虽然在20世纪初，受到"五四"进步思想的严厉批判，但是客观来说，在两汉帝国时期，其提出是有重要历史意义的。正如前面已经提到的那样，秦汉帝国面临的一个重大难题，就是要在社会规模和风俗差异巨大的尺度上，构建出一套普遍而统一的治理体系。西汉社会治理在建国初以黄老无为思想为原则，自汉武帝后又孜孜探求新的思想理论基

3-4 彩绘人物故事漆屏（北魏）

大同市博物馆藏

漆屏上的故事画取材于西汉文学作品《列女传》和张华《女史箴》，将妇女能否守"节"，看作一个百世之家得以巩固兴旺的关键

础，一直到最终选定以儒家经学为思想意识准绳，并不是偶然的心血来潮。号称取法宇宙大道、"天不变道亦不变"的儒家经学的确拥有一个巨大优势，能够为庞大帝国提供一套普遍适用于每一寸国土的社会治理概念、原理和依据。正是由于找到了这种"以经治国"的办法，每一个汉帝国子民就都被纳入了"三纲五常"或"三纲六纪"这样一套明确清晰、可遵循可理解的行为准则系统之中，所以，两汉帝国的社会结构才得以在跌跌撞撞中勉强维持了四个多世纪，而没有像秦帝国那样转瞬即逝。

在这个"以经治国"的帝国管治策略中，最重要的一环就是要按照儒家经典确立起完整的"名教"制度。名教制度是儒家思想的基石。早在《论语·子路》篇中，当子路问孔子如果获得执政卫国的机会打算怎么做时，孔子就斩钉截铁地回答说："我要先给万事万物指定名分，因为名分如果不正当，接下来就没办法讲通道理；而道理如果讲不通，接下来就没办法做成事。"出于同样的道理，当齐景公询问孔子治国之道时，孔子给出了"君君，臣臣，父父，子子"八字箴言。意思就是说，只要每个身居自身处境中的人，都像一个国君应有的样子为人君、像一个忠臣应有的样子为人臣、像一个父亲应有的样子为人父、像一个儿子应有的样子为人子，那么自然就天下大治了。

儒家名教思想，用现代哲学的语言说，就是认为只有首先将客观世界在头脑中形成的概念加以澄清，将概念之间的关系理顺，找到概念所指的事物应当具有的理想状态，使其完全符合儒家经典所描刻的样子，客观世界才能随之而改变。以经典中所提到的名词称谓及其相互关系,来协调那些名词所对应的实际生活中的人、事、物,这就是儒家名教思想的实质所在。

哲学家冯友兰先生认为,儒家名教制度,颇类似希腊哲人柏拉图的理念论思想。正是通过将抽象的名词及其相互之间的关系理想化表达出来,儒家才在具体世界之外建立起了人、事、物应当遵循的法度和准则。[4] 在这个意义上,儒家经典不失为古代中国版的《理想国》,而名教制度也从根本上为社会关系和个体行动指明了最终的努力方向。从儒家的眼光看,严格遵照名教的要求,实际上是社会道德不断提升、个人修养不断进步的必然途径。

从历史上看,在以经治国的两汉时期,那些深受儒家经典思想熏陶的教养深厚的文人名士,也确实在名教的敦促和培育下,为维护两汉帝国做出了贡献。比如说,东汉帝国在桓灵二帝时期的宫廷政治堪称荒谬,但整个帝国依然能维持"乱而不亡",根本的原因恰恰就如范晔在《后汉书》中所评价的,在于百余年间有数位深受名教涵养的股肱大臣在其中折冲平衡收拾局面。[5] 而它之所以最终崩溃,也恰恰是因为两次党锢之祸彻底禁绝了儒学名士做官的机会,从而使名教指引现实政治的渠道被完全堵塞。如此一来,既然失去了名教驾驭的帝国再也没有机会通向儒家经典所描绘的"理想国",那么儒生当然也就同样不用牵挂那个风雨飘摇的帝国了。帝国与名教的分离,最终导致了帝国本身的坠落。儒学名士们则带着名教进入了下一个时代。

在下一个时代,无论是三国还是魏晋,或者后来的南北朝时期,之所以始终不能形成新的统一帝国,其中一个重要原因就在于，中华文明在这四个世纪的混乱中始终没有确立起能够将异常纷乱的人心重新聚拢到一起的共同文化基调，但也正是在这一时期，无论是在南方还是北方，无论是汉族政权还是少数民族政权，他们中的杰出领袖，都能够自觉地意识到这个问题的重要性，并反复尝试找到解题的办法。在这些杰出历史人物的尝试中，儒家名教制度，始终是他们重要的优先选项。

西晋末年，司马氏王室宗族在互相缠斗的同时，分别秘密勾结北方军事力量，主动将匈奴、羯、鲜卑、氐、羌五个民族引入中原帝权的争斗之中，使汉族长期盘踞的华北和中原地区，出现了不可小觑的胡人民族力量。西晋灭亡后，华北一分为二，被分割为关中和关东两大胡人民族势力。"永嘉南渡"后，琅琊王司马睿偕华北大贵族王导来到江南，历经艰苦，建立东晋政权。东晋政权虽然获得短暂偏安，但最终还是分裂为占据长江下游和中游的北府与西府两大区域势力。这样，北方内部和南方内部的军事斗争，以及北方和南方之间的军事斗争，构成了3-6世纪南北朝分裂时期的权力运动主线。

在南方，明代大儒王阳明的先祖王导扮演了重要的历史角色，陈寅恪先生给予极高评价，认为他为中华文化的赓续和相传做出了不可磨灭的贡献。[6]但王导毕竟是中原血统的大贵族，呵护中华文化似乎理所当然。真正有点不可思议的是，在北方，尽管确实出现过一个时期的紧张的胡汉对立，但胡人政权的领袖却并非全然是狭隘的民族主义者，他们中最杰出的几位，一直尝试赓续正统儒家文化。其根本的用意，是要在北方建立起一个由胡人做皇帝的新帝国。对于这些北方的新主人而言，新帝国不仅不是中华世界的异己，恰恰相反，它就是中华世界的继承者，以中国文明为自己的鲜明底色。

名教文化之所以对于胡人政权极为重要，就在于胡人原初的社会组织结构是部落制。部落制和部落意识，当然有利于胡人军事集团迅速形成强悍的战斗力，夺取战争的胜利，但它的不利之处就在于，无法实现有效的战后政权建设。帝国与部落的最大区别，就在于帝王必须从马背上下来，依靠一套复杂的文官制度，来管治杂乱无章的庞大疆域。回顾这一时期的北方历史，不难发现，凡是无法解决这个问题的胡人政权，没有一个不在主要领袖身故后立即分崩离析。在这个意义上，解决不了这个问题的北方政权，与其说是一个"国家"，倒不如说更像是一个"伪装成国家的军事集团"。

公元385年，氐族领袖、前秦政权的君主苻坚在统一北方后，以无与伦比的雄心壮志，试图南下东晋，统一中华，成为中华世界新的皇帝，而不只是部落政权的领袖。在发动这场灾难性军事行动之前，苻坚已经做出了许多努力，甚至不惜贬抑自己民族的同胞，优待有助于实现北方统一和部落向帝国转化的汉族和鲜卑族人。淝水之战惨败后，苻坚被杀。前秦这个事实上由部落堆积起来的伪装国家，立即不出意料地四分五裂。一年后，鲜卑拓跋氏部落的领袖拓跋珪建立北魏政权，这也是未来隋唐帝国的母体。

无论从哪个方面看，苻坚都是一位眼光独到的胡人领袖。他唯一的缺陷，大概就是操之过急。但苻坚努力的方向完全正确，因此他未完成的目标，也成了杰出后继者们的共同目标。不同于苻坚"窃帝图王"的急躁，北魏君主既能认识到帝国相当不同于部落，也安于帝国版图只限于北方地区的现状。他们深刻洞察到，除了领土和维系领土的军事实力，思想观念基础对于部落向帝国转化更具有无与伦比的意义。所以，他们一方面尝试发扬佛教，努力使之成为帝国思想文化的一个新根基，并为此在洛阳龙门建造了大量石刻佛像，将洛阳城打造成壮美绚丽的东方佛教圣城；另一方面，则大力弘扬传统的儒家名教，自觉回归以经治国的汉帝国传统，并最终在5世纪后半叶掌权的孝文帝统治期间，激进推行了胡汉融合。

在北魏政权实施以经治国的过程中，孝文化被极端地刻意加以强调，许多这一时期的出土文物中，都可见"孝子图"。有学者认为，这种突出强调名教中一种价值观的做法，与当时北魏皇室政局状况有密切关系。[7]无论如何，考古成果已经证明，孝文化确实是当时墓葬艺术中最重要的观念母题。

举例来说，1931年在洛阳北邙山出土的宁懋石室画像（图3-5）[8]，就以精美飘逸的线刻艺术手法，叙述了丁兰、舜、董永等《二十四孝》故事中的经典场景，而石室门道左右两侧描刻的武士，怒目飞扬，准确无误地展现出胡人将领的威仪勇猛。

在长达2000多年的帝制时期，名教制度对中国文明究竟意味着什么？1927年，一代大儒王国维投河自尽后，陈寅恪先生曾作了一篇《王观堂先生挽辞》。在这篇挽辞中，陈寅恪先生对王国维之死的主观原因所做的分析，对我们理解这个问题十分有帮助。陈寅恪先生认为，王国维的死是不可避免的，因为"三纲六纪"的名教文化所依托的社会历史条件，已经一去不复返了。等待王国维未来的，是一个没有名教文化的新世界，而在那个世界，像王国维这样以名教制度为根本生活方式

3-5 宁懋石室和左右两侧的石刻武士（北魏）

波士顿美术馆藏

的人，所能得到的也只有日益深重的精神痛苦。[9]如果说陈寅恪对观堂先生的体恤相当合理，那么，反过来也就不难发现，在此之前漫长的20个世纪里，也正是依靠名教这个儒家文化的根本观念，中国文明才始终根基稳固。即使处于魏晋南北朝这样社会思想、文化、观念大混乱的时代，中国文明也没有像许多古代文明那样中断消亡，反而实现了民族之间的磅礴融合。这其中，名教制度可谓功劳甚大。

山 林

早在公元前134年，汉武帝就决定以"察举"制度作为官员选拔方式，也就是委托地方官员，通过风闻乡里舆论，发现口碑良好的人，然后将他们擢拔进政府系统做官。察举制一直沿用至东汉末年，皇帝们希望这些被察举出来的人，行为举止与名教价值观相一致，是名副其实的"贤良方正"。

但到了东汉末年，名与实相分离的情况源源不断。渴望做官的人，努力将自己打造成"有识之士"，按照名教的规范要求，刻意标榜，装腔作势。有察举之责的人，也沽名钓誉，通过轻浮任性的品评举动，想给自己贴上"识人善用"的美誉。这两方面因素叠加在一起，共同导致察举制度完全失效。

起于寒门的曹操垄断东汉政权后，急需人才效力。但他既认识到"伪饰名教"导致假冒人才层出不穷，又对高门士族所奉行的名教本身心存鄙夷。因此提出了"唯才是举"的标准，意思是说，看一个人是不是人才，只需考察其办事能力，而不用在乎其行为举止是否合乎名教。这是对名教的讽刺和否定。

君主渴望人才，人才也渴望被尽用其才。人才评价标准，是君主帝业昌盛和社会精英自我实现的共同指南针。面临不同历史任务的君主，当然有着不同的人才观。曹操死后，曹丕以魏代汉，并且接受了天下一时难以统一的现实。这样，曹魏政权就要开始思考如何长期执政的问题，就必须在有家世的人、符合名教的人和有本事的人之间找到任用的平衡点，以尽可能构建一个广泛的执政基础。新的问题导致新的思路。曹丕在大臣陈群的建议下，试图"德才位并举"，决定实施"九品官人法"，就是由各州郡推举一两个人才品评官员，将其风闻所知的人才，分九等加以品评后，纳入人才储备库，供政府今后选拔使用。[10]

能否找到客观合理的标准来发现人才、评定等级，从而使其充分涌现、各尽其用，是事关九品官人法成败的关键。为了便于操作，尚书郎刘邵编纂了一部奇书《人物志》。这部书的一大特色，就是突破了从外在举止品评人物的旧见识，转而强调以行动观心思、以言辞观精神、以外在举止观内在态度，其根本用意是要穿透"名"的表象而直达"实"的本质。这样，一个人的内在性情，就成为人物品评中最核心的要素。

对人的内在性情投入巨大关注，是曹魏时期的文化风尚。名士们崇尚性情的慷慨流露，并通过文学书写方式加以表达，从而形成了彪炳千秋的"建安文学"。公元222年，"建安文学"代表、31岁的曹植，在完成了洛阳朝觐、准备回封地鄄城的路上，路过洛水。不知怎样受到的触动，这位才高八斗的文学天才，心里突然荡漾起丰富的感情，于是创作了一首《洛神赋》。这首诗玄幻而凄美，在想象的世界里虚构了诗人与洛神

的偶遇。神女且言且歌，柔情如水，婀娜飘逸。诗人则如儒家经典《诗经》所教导的那样，虽然爱慕之情溢于言表，但终归发乎情而止于礼。神女被诗人打动，但人神殊途的命运终究难以抗拒。梦醒时分，神女早已飘然离去，而诗人的心里，只剩下无尽的惆怅。这首凄美而哀伤的诗中，有着曹植内心最真实的性情。一个半世纪后，同样有着真性情的画家顾恺之，将其描绘成著名的人物画《洛神赋图》(图3-6)。遗憾的是，如同顾恺之的所有画作那样，今天我们只能见到这幅画的几个摹本。

就人性而言，不同的人，内心世界差异巨大，这也导致他们与世界的相处方式大相径庭。我们有的时候，就将由内心质量所导致的行为模式，称作一个人的"品质"。在《人物志》的《九征》篇里，刘邵根据人的品质，将人分为五等。最尊贵的人，身心均能处于"中和"境地，拥有书中反复提到的"中庸"之质。在这种人的内心，诸般美好的人类品质以平衡均匀、不

对人的内在性情投入巨大关注，是曹魏时期的文化风尚。曹植《洛神赋》一诗中有着作者内心最真实的性情。一个半世纪后，同样有着真性情的画家顾恺之，将其描绘成著名的人物画

3-6 《洛神赋图》北京乙本局部（宋代摹本）

故宫博物院藏

过不失的比例相协调，从而支配他的性情，使其仪态、举止、言辞都十分和谐得体。这种能"致中和"的人，乃是"圣人"。

次一等的人，具有中和之德，但还不够充分，属于"大雅"之人；接着是某一方面突出，但是综合起来看又不够均衡的"偏才"。大雅之人和偏才，都是需要悉心识别任用的人才，而最末流的两种人，则要么将偏才之质推向极端，剑走偏锋过犹不及；要么是有偏才之质却没有恒操节守的投机客，都算不得人才。

在刘邵看来，识人用人的本质，就是圣人识别任用大雅之人和偏才之人，而防范远离末流之人的事。那么，什么是刘邵所说的"圣人"？在中国古代哲学典籍中，"圣人"本是一个高频概念。但不同思想流派，以及不同历史阶段，对圣人概念的理解，差异很大。在《人物志》成书的公元3世纪，随着汉代儒家经学的衰落，先秦老庄道家思想正逐渐从边缘地带进入古代中国思想世界的中心。《人物志》的圣人观念，就深受其影响。[11]

尽管"致中和"是得"道"圣人的理想人格，但从老庄道家的本意来说，并不指望圣人去事功建业。比如说，就老子思想而言，圣人之圣，在于守拙不伸，从而能够在纷乱人世中实现自我的保全和长久；而庄子思想则认为，圣人之圣，在于既能从容周旋于世，又不为人间是非所伤，始终拥有精神上的自在和独立。对于先秦原版的老庄道家思想来说，圣人不纠缠于纷乱的人间事务。因此，圣人应当淡泊宁静，不偏私，不专美；他们是心灵的大师，始终能将欲望控制在维持生命所必需的程度，不期待，不贪图，不渴望；他们还能够与外部世界建立一种犹如轴与轮毂的关系，牵动世界而不反被世界所牵动。

所以，《人物志》的圣人观念，虽然受到原版道家思想的强烈影响，但归根到底其实是先秦儒道思想的杂糅，或者说是一个儒化程度已经很高了的新版老庄道家思想。这个圣人观念的真正原型，既不是老子，也不是庄子，而是孔子。[12]《人物志》中有许多直至今天仍值得认真对待的见解。但归根到底，这部书的哲学原创性十分有限。刘邵只是将他所生活的时代业已形成的看法和见解做了应用和总结，还算不上第一流的哲学家。生于曹魏末年的天才哲学家王弼，才真正是一位以儒解道的哲学大师。

《世说新语》中记载了一则故事，很能说明王弼的思维能力。一天，刚满二十岁的王弼，去拜访大名士裴徽。裴徽已经耳闻王弼的才学，就问他：按照老庄的看法，"无"是根本的东西，可是孔子却似乎从来没有正面讨论过"无"，这是什么原因？王弼回答说：孔子体察到"无"，并且体察到只要语言一谈论"无"，"无"就变成了"有"，所以从不谈论；老庄则始终在"有"的层面谈论"无"，所以他们可以反复不停地去解释相对于"有"来说什么是"无"，但实际上却永远无法达到对"无"的本质的精确阐释。[13] 在这段让裴徽听后赞叹不已的对话中，王弼明显将孔子排到老庄之上。

在王弼流传后世的著作《老子注》中，他始终认为，只有孔子才真正达到与道合一的境界，进入了老庄所讲的"圣人体无"状态。这个体"道"的大圣人孔子所提倡的，是无为而无不为，在与道合一的同时，通过"道"在万物中的自然生化来治理世界。

圣人之所以"以无为本"，是因为"无"是"道"的本质，从而也就成了世界之源。这个认识是王弼思想的基础，也是古代中国思想世界的一座新的里程碑。两汉时期的思想世界，曾被杂糅了阴阳五行学说与儒家学说的宇宙论哲学思维支配。在那种思维模式中，当面对"什么是世界之源"的问题时，人们试图给出某种实体性的回答，指出某个"东西"实实在在地构成了世界之源，比如"太一"。王弼的成就在于，他彻底克服了宇宙论思维模式，将这个问题处理为一个思辨性问题，试图以思辨的方式，去探讨万事万物在形而上意义上的抽象根据，或者说哲学本体。由此，古代中国思想的抽象化水平，就被推上了一个全新高度。这种"本体论思维"的建立，标志着"魏晋玄学"的成熟。

王弼的一生纯粹而不朽。在曹魏政权即将垮台之际，曹爽曾与王弼单独见面，意在识其高才后委以重任。但是在这看似机遇的场合，王弼却谈玄论道，绝口不提人间事务。颇显迂腐的做派，让颟顸的曹爽十分鄙视，事情因此也就不了了之。但是，第二年春，曹爽就在"高平陵之变"中彻底失势。人们很好奇，王弼之前在曹爽面前的举动究竟是真的"不通物情"，还是早已看到曹爽的结局而不愿折损羽毛？但这个问题很快就变得不重要了。这一年的秋天，王弼因一场疟疾不幸早夭。躲过了曹爽的少年天才，终归没有躲过自己的命运。

从先秦原初思想的导向来说，成为儒家，意味着要入世救世；成为道家，意味着离尘逍遥。王弼以儒注道，实际上是一次在哲学层面调和儒道思想的尝试，使得"圣人"这样一个儒家理想人格，在事功于人世的同时，仍然能自在出入，在与"道"的一体大化中从容应对世事沧桑。生命短暂的王弼在某种意义上是幸运的，因为在他的一生中仍有机会去拒绝曹爽的征辟。对于他的同时代人来说就没有这么幸运了。自王弼去世的那一年起，入世与离尘，就成了一个难以调和的抉择。

公元249年之后，代表高门士族重新掌权的晋王朝[14]，因为奉行无所不用其极的权谋诡计，而落下"得国不正"的历史包袱，始终无法提出一套使人信服、旋律端正的价值观系统。在整个西晋统治时期，司马氏所试图提倡的，和其实际所做的，二者之间存在着无法掩盖的裂痕和差距。这种表面和实际之间的剧烈价值冲突，让精英阶层无所适从。他们中的一些人，试图逃避，却又无法压抑心中出于道德义愤而累积的愤懑，于是得祸。公元263年，司马昭以"不孝"的罪名，杀了刻意远离司马氏政权而又猛烈抨击其"伪饰名教"的大名士嵇康，使天下为之震动。

命如蝉翼，运似朝露，是这一时期名士的普遍心态。入世就意味着同流合污，离尘也可能性命难保。何去何从之间，整个精英社会被抛掷到一种文化上无所适从的精神迷乱之中。正是在这一背景下，原初老庄道家思想的离尘特质，就越发成为黑暗隧道里的夜明珠，为每一个身处人间之世却无法安顿其心的灵魂提供了安慰和指引。

嵇康生前嫉世愤俗，对人事的不堪充满厌倦。他反复思考过人生居于司马氏之世的28种活法，一一列在《卜疑》篇中。[15]这其中，有入世事功的活法，有游戏人间的活法，也有出世离尘的活法。在《庄子》的启发下，嵇康最终选择了一条别开生面的道路。他要像庄子笔下的"无用之人"那样，在罕无人至的山林中，去体会《庄子》中"神人""至人""圣人"的精神生活，忘记朝堂之上的是非利害、忘记身体形骸受制于生物必然性而不得不牵累于世的沉重，过一种悠游自在、无羁无绊、与自然一起生化的生活。

山林，由此走进中国思想文化的中心地带。虽然表现自然山川的艺术品最早可以追溯到西周时期[16]，而《庄子》中也充满从对自然野趣世界的观察和体悟中获得的寓言道理，但山林真正作为一种被明确加以偏好和选择的美好生活方式，在艺术作品中获得理想化赞美和倾慕,却是以嵇康为代表的魏晋士人经历迫不得已的人间世事后,所主动发现的。从此,对于古代中国的士大夫阶层来说,山林就成为精神世界的避难所,而都市和朝堂则被降低为谋求物质生活的是非中心。一种超越都市喧嚣的雅致生活方式,在不断被美化和理想化的过程中,成为了精英们的共同追求,也成为了古代中国文人艺术弥久常坚的"时尚"主题。

现藏于南京博物院的一幅制作于南朝时期的大型砖刻浮雕画(图3-7),以虚构的"竹林七贤"故事为母题[17],刻画了包括嵇康在内的七位魏晋时期放浪不羁的大名士。他们悠游于山林之间,逍遥任性,自得其乐。

不同寻常之处在于,除了这七人,画面上还呈现了荣子期的形象。这是一位生于春秋时期的著名隐士。将"竹林七贤"

"竹林七贤"是一个虚构的故事,但描刻当世和过往名人悠游于山林之间逍遥任性,确是南朝时期江南地区的文化时尚

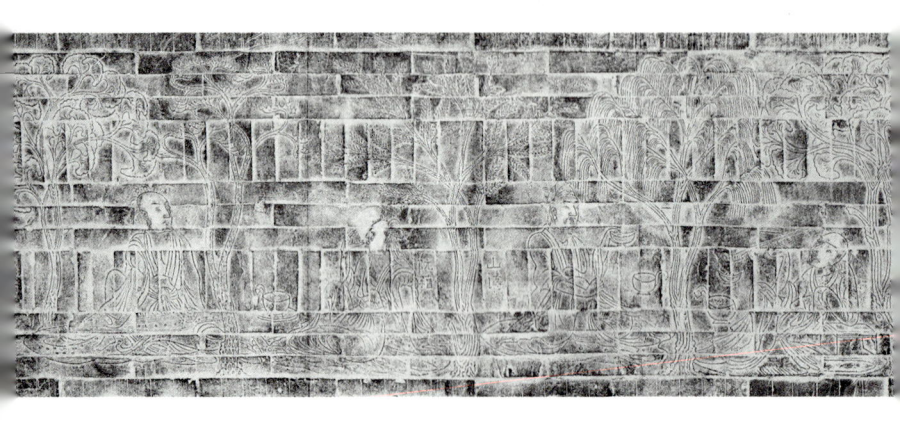

与荣子期并列，在某种意义上也是将嵇康所代表的走入山林的生活方式，视作对中国古代哲学中隐逸思想的接续。从1960年至今，类似主题的砖画发现过五套，都出土于王侯级别以上的大墓之中，规模和手法也相当接近，充分说明这一类艺术品在南朝时已得到规模化生产，也由此可见隐逸思想在当时的兴盛程度。[18]

过彻底的山林生活，是真正意义上的隐逸，意味着从都市生活中彻底摆脱，从羁绊朝堂中人的名教中完全逃离。西晋末年，"永嘉东渡"后，江南进入北方精英的视野。瑰丽灵秀的山水，给南迁的贵族士大夫留下了深刻的美学印象，这是河洛和关中平原所没有的独特景致，也使兴起于北方的隐逸生活理想更增添上一层新的魅力。就这样，《庄子》中对理想精神生活的想象和憧憬，在名士阶层立志过某种飘逸而充满野趣的生

3-7 竹林七贤与荣子期砖画（南朝）拓片

原砖藏南京博物院

活追求下，变成了一种富有美学意义的真实的生活方式。公元5世纪初，在残酷现实生活的教导和启发下，诗人陶渊明决心去过一种真正亲近自然的隐居生活。他以诗书耕读为业，在酒、菊花和无弦琴的陪伴下，度过了自己的余生。这是中古中国少有的一位真隐士。

魏晋时期，山林和隐逸的思想，也跟中国传统修仙观念嫁接到一起，成为当时新兴的本土宗教中国道教神仙思想的重要组成部分。在道教信仰中，山林是连接"人间"和"仙境"的要津。仙境之门总是隐藏在山林深处的某个洞穴中，只有修道精诚的道士，才能在登天升仙的一瞬，进入这个叫作"洞天"的所在，获得另一个世界中的不朽与闲适。

公元306年，嵇康的侄孙嵇含死于政敌之手。他的朋友葛洪因此看尽人间势利的虚幻无谓，举家走入位于广州的罗浮山深处，开始了对道教所许诺的"另一个世界"的探究，并将自己的内心体验和神性探寻记录下来，形成了《抱朴子》一书。10个世纪之后，另一位身陷兵荒马乱之中，决心归隐山林的画家王蒙，创作了一幅《葛稚川移居图》（图3-8）。画面中想象性再现了葛洪进入罗浮山的那一刻，而流露的思想，则是画家自己对山林生活和神仙世界的向往。

但是，大部分倾慕隐逸生活的士大夫，要么受不了自然状态的艰苦辛劳，要么就像嵇康那样，试图隐逸却不为君主所允许。都市繁华和朝堂是非，是他们无法彻底逃离的羁绊，山林世界的自然野趣也只能心向往之。这样的矛盾与不得已，在士大夫心灵中产生巨大冲击，急需得到思想观念上的协调和化解，也使魏晋玄学发展到了它的最后阶段。

在道教信仰中,山林是连接人间和仙境的要津,因为仙境之门总是隐藏在山林深处的某个洞穴中

3-8 王蒙《葛稚川移居图》
(元代)

故宫博物院藏

向秀是嵇康的好友，也在"竹林七贤"之列。他拒绝君主的征召，在山阳地带与嵇康一起隐居。嵇康被杀后，向秀又一次被征召。这一次，他只能拿着精心准备的文件，小心翼翼地面见司马昭。司马昭故作戏谑地问他：既然你有隐居的志向，为什么又来我这里做官呢？向秀回答说：巢父、许由这些被《庄子》赞誉为"圣人"的隐士，其实并不值得羡慕效法。

司马昭笑了。通过残忍屠戮嵇康，强权终于使天下屈膝。我们如今无法知道，困顿于朝堂之上的向秀，接下来究竟以怎样的精神面貌来日日面对内心厌恶至极的司马昭。但就是这位终于被迫从山林走向朝堂的向秀，在自己的晚年，着手做了一件哲学史上意义巨大的工作：注《庄子》。这本书未及完成，向秀就死了。之后，渴慕朝堂远甚于山林的郭象，在吸收向秀思想的基础上，对其加以发展、宣传，完成了《庄子注》。这部书的最大特色，是指出：在"何为圣人"的问题上，庄不如孔；在《庄子》所实际表达的各条意思上，庄孔一致。

在《论语》中，孔子曾说过：一个君主，应该像北斗星挂在天上一样，处于被天下臣民所拱绕、而自己安静不动的位置。[19]《庄子注》对此深以为然，进一步发挥认为，正如《庄子·逍遥游》中所说的，大鹏注定是大鸟，小鸠注定是小鸟；大人物注定做大事情，小人物注定做小事情。所以，万事万物都有自己所依凭的本性，都按照自己在宇宙中的命运周转变化，互相之间既不打扰，也不关心。这就叫"独化于玄冥之境"。任何硬要在它们之间攀扯上关系的行为，都是破坏"玄冥"的愚蠢行为。

所以，一个人到底是圣人还是普通人，归根到底是他的本性所决定的。普通人成不了圣人,圣人也不能要求自己做个普通人。反过来,作为一个圣人,就必须要懂得这个道理,能够始终让自己处于"与物冥"的状态,允许万事万物依凭其本身,听任其在自己的因因果果小舞台里生化变迁,而不要对其有成心、有成见,非要它们按照自己的想法周转。《庄子注》认为,如果庄子真的"懂得"这个道理,而不是仅仅"知道"这个道理,他就不会在《庄子》书中写那么多的狂谬寓言。所以,比起孔子来说,庄子还不是真正的大圣人。

既然真正的圣人对万事万物无成心、无成见,听任其变化,那么,圣人当然也就是无心之人。他的内心不应该有太多自导自演的戏码,对他人和万物要既没有期待,也没有欲求,面对一切变化,都能以"应对"的态度来周旋,"应物而不累于物",顺应时势,不勉强,不刻意。这就意味着,作为最高的人格理想,任何一个懂得这个道理、仰慕这种人格的人,也都要或多或少学会在自己的命运轨道中安静忍受。当命运将他抛向山林,那么他就在山林中自在逍遥;当命运将他召回朝堂,那么他就在名教中自得乐趣。不无谓抵抗,不无谓挣扎,一切听之任之,周旋于这人间世中少不了的诸般"不得已"。《庄子注》甚至不无安慰地说:对于圣人而言,就算他身在庙堂之上,但他的心却完全可以跟在山林中隐逸时一模一样。[20]

公元8世纪,杰出的唐代诗人王维,在身居都市与朝堂之际,依然过上了山林的生活。但这片山林,并非未经雕饰的天然野趣,而是在山川河谷之间精心营造的园林。这是一座壮美的庄园,不仅有刻意种植的多种植物,还用心点缀了许多亭台馆阁。在此后相当长的历史中,这座叫作"辋川别业"的著名

3-9 仇英《辋川十景图》
（明代）

辽宁省博物馆藏

"辋川别业"是中国古代园林艺术的传奇和典范。王维为其绘制的《辋川图》,成为后世士大夫在都市园林中过隐逸生活的榜样

庄园，一直是中国古代园林艺术的代表和典范。王维对其心仪有加，特意为其绘制了一幅《辋川图》。这幅图成为后世士大夫在都市园林中过隐逸生活的榜样。不仅白居易在诗中多次表达自己的向往，而且即使到了明代，吴门画派大师仇英也依然充满敬意地创造性描摹。仇英这幅夸张如仙境指南的《辋川十景图》青绿设色大长卷（图3-9），如今藏于辽宁省博物馆。

"小隐隐陵薮，大隐隐朝市。"这是西晋王康琚留下的著名诗句。从走向野性十足的山林，到在都市的边缘再造驯化过的园林，隐逸有无数种可能性。无论陵薮还是朝市，无论是山林还是园林，如果你的内心能始终保持必要的疏离、逃逸和不在意，那么，即便在司马昭的眼皮底下，你也依然可以像在山林中倾听流泉飞落那样旷然自适。这就是《庄子注》的作者，留给他们自己以及未来每一个世代中厌倦了势利生活的人最后的安慰。

这样，从《老子注》到《庄子注》，从王弼到向秀、郭象，魏晋玄学从"本体论"逐渐走向"心性论"。随着人对自身内在精神世界的日益敏感，一股日益关注内心状态的思想潮流开始渐渐露出古代中国思想世界的洋面。受外来佛教文化的进一步刺激，在8个世纪后的宋代，它终将缔结出一朵夺目的浪花。

佛 陀

三国到西晋末年，长江中下游地区曾流行一种罐装随葬品，造型奇特，拥有繁复精致的罐颈。那里往往被制器工匠们堆积起一个以顶部亭台楼阁为收敛中心的多层人物建筑雕塑小品。其中的人物，有的奏乐歌舞，有的杂耍逗笑，十分热闹。

3-10 青瓷堆塑人物楼阙魂瓶（西晋）

南京六朝博物馆藏

"魂瓶"，也有人将其命名为"谷仓罐"。不寻常的是，顶层屋室四面的门口，端坐着四尊作高肉髻、着通肩衣、结禅定印的佛陀。最初，佛陀被视为神仙世界的一员，服务于两汉以来的"灵魂升仙"意识

无数只鸟儿匍匐在亭台楼阁的屋檐旁,仿佛要将它托起,飞往某个未知的地方。

对于这类器物的真实用途,今天的人们不得而知,只好猜想:有人认为它是装谷物的存储罐,所以也将其命名为"谷仓罐";但更多的人则认为,它并没有日用器具的功能,而仅仅用以承托死者的灵魂,助其去往富贵安详的死后世界,所以称之为"魂瓶"。博物馆则选择保持中立,以外形特征为依据,称其为"堆塑罐"。

其实,"谷仓罐"未必就不能同时是"魂瓶"。谷物与神灵,在我们祖先的思想中,本就联系得异常紧密。煮熟的粥米中附有魂灵的观念,早在《仪礼》中就有确切的指示。[21] 相信存粮的罐中安卧着祖先的神灵,祖先永远和他的后人生活在一起,这大概是人们选择将一个看起来像谷物存储罐的器物,加以改造雕饰、埋入地下的根本原因。

收藏于南京六朝博物馆的青瓷堆塑人物楼阙魂瓶(图3-10),就是一件工艺精湛的堆塑罐。它自带纪年,制作于"天册元年",也就是公元275年。这一年,东吴末代皇帝孙皓进入了他执政的第十二年。罐身塑贴麒麟、凤凰、兽首。上部堆塑部分,则整体构造为一座带门阙的三层式宫殿建筑,带两层平台。下两层有数人拱手踞坐,扮演帮佣的角色,最上层是一圆顶屋室。屋顶和两层平台四周,都有仙鸟振翅牵引。最不寻常的是,顶层屋室四面的门口,端坐着四尊作高肉髻、着通肩衣、结禅定印的佛陀。

这件堆塑罐与"青瓷釉下彩羽人纹盘口壶"一样,都出土于帝王级别的南京江宁上坊东吴大墓。尽管堆塑罐上佛陀的位置安排更为尊贵突出，超出了一般的装饰性含义，但仍然停留在与中国传统神仙思想相对等的地位上，服务于两汉以来的"灵魂升仙"意识。

将佛陀当作神仙世界中的一位，与早期来华佛教徒所传教义多为起源于印度的原始佛法密不可分。原始佛法由释迦牟尼创立，后来分裂成奉行原教旨的上座部和分化而来的大众部。后来受大众部影响而形成的大乘教派也称上座部为"小乘"佛教。

20世纪德国思想家雅斯贝尔斯曾将释迦牟尼与古希腊的苏格拉底、中国的孔子并称为"轴心时代"的三位圣人。将释迦牟尼看作一位圣人、智慧长者，而不是法力无边的神灵救主，这其实也是上座部教法的出发点所在。在上座部看来，释迦牟尼是一位人世间的求道者，他所求的"道"，就是要灰身灭智，消除世间无常对人心灵的折磨和困扰，从而达到内在精神的空寂涅槃状态。因此，为了避免受无常世界的干扰，上座部特别强调修行者远离人群、远离社会、远离自己的欲望，去过一种禁欲隐遁的生活，从而实现对"自我"的破除和心灵的彻底解脱，最终证得"阿罗汉果"。

上座部的这些教义和修行方式，虽然强迫要"破我执"，但是所要破的那个"我"，其实是困溺在世间、充满欲望和渴慕的行动主体。上座部佛法所要成就的，是另一种"我"：一种彻底去除了物质尘绕、只在精神中圆融完满的新主体。在这个意义上，上座部所追求的精神境界，既以修行者自己为中心，但也强调修行的根本目的是要获得全新的精神体验境界。也正是这一点，使大乘佛教觉得上座部思想中自利心仍然过重，陷入了不应该的执着之中。

细细考察教义的话，无论是在哲学思想上，还是在修行方式与目标上，上座部佛法与中华传统神仙思想是有相当分歧的。比如说，神仙思想追求永生或不死，但上座部思想恰恰强调，生命不过是细碎物质的偶然堆积，生死全赖缘起缘灭，并不值得心灵为之挂念。但是，早期佛法传入中国时，精微细致的上座部教义还来不及被中国人慢慢品味，而禁欲、苦修、升华的上座部宗教观念，看起来与神仙思想和修仙实践在兴趣点上相当接近。同时，为了克服在异质文化传法的诸多不便，早期来华的佛教徒，也有意识地借助中国传统神仙思想中的概念和原理，来比附性地解释佛法。汉桓帝时期，只身来华弘法译经的安息国太子安世高，就因此策略而大获成功，最终得以成为颇有影响的一代高僧大德。[22]

其实，真正将释迦牟尼当作法力无边的最高神的，是大乘佛教。不仅如此，大乘佛教还建构了一个以佛祖释迦牟尼为最高神的佛—菩萨—罗汉—比丘—居士等级系统。因此，尽管从义理上看，小乘佛教与修仙思想有一定匹配度，但对于中华世界的普通民众来说，将大乘佛教系统中的佛陀和菩萨当作神灵，实际上更为容易。

东汉末年起，饱受饥荒灾害和战争祸乱之苦的底层民众，已经不敢奢求在此生成仙，而只渴望能稍稍缓解已经将他们折磨得不成样的苦难。对于他们来说，这个目标即便此生不能实现，也一定要想办法在来世达成。正是在这样的民众心理背景下，大乘佛教的佛陀和菩萨被迅速当作神灵加以崇拜，从而也为大乘佛教在普通民众中赢得声誉和信众，开辟出印度佛教中

早期观世音菩萨像为男身

3-11 铜观音立像(西晋)

故宫博物院藏

国化的民众路线。

在大乘佛教思想神灵化过程中,最具中华本土文化特色的成就,是观世音信仰的形成。最迟在公元2世纪末,《法华经》在印度成书,这部强调自利利他的大乘佛教经典,不久后被西晋僧人竺法护移译到汉语世界。这部经书中的第二十五品,也就是《观世音菩萨普门品》,讲述了法力无边的观世音菩萨如何以32种变化身解救在世间受苦受难的普通大众的故事。在大乘佛教信仰中,观世音菩萨早已成佛,只为解救众生而"倒驾慈航"进入婆娑世界。这位伟大、慈悲、利他并且法力无边的异域神灵,对深陷战乱之苦的中华世界普通民众来说,无疑是寄托心灵的最佳对象。

人类的情感永远是艺术塑造的真正大师。早期观世音菩萨像,比如现存于故宫博物院、制作于西晋时期的铜观音立像(图3-11),刻画的是一位男身佛教大师的形象。但随着中国人对这位印度佛陀尊崇和依恋心理的不断强化,观世音菩萨的形象在汉语文化圈逐渐女性化、母性化。"观音老母"的名号,最终响彻整个东亚地区,并影响到东南亚"妈祖"民间信仰的形成。[23]

然而,不管在一般民众中多受欢迎,倘若不能进入上层精英文化圈,特别是不能与中国自己的文化经典相结合,那么,作为一种外来信仰和观念,佛教就仍然不可能在中国文明中真正扎根。佛教进入中国文化的真正契机,还需要耐心等待。

"永嘉南渡"后,魏晋玄学的发展事实上已经停滞。"谈玄论无"的魏晋玄学,将《庄子》推上中国古代经典舞台的中央。偏安江南的东晋士人贵族在聚会中,言必称《庄子注》。

虽然郭象对"名教"与"自然"的调和也成为他们调和入世与离尘的理论依据，但盛名之下，其实难副，理解《庄子》的思想资源这时候已经耗尽，新见解始终难以出现。直到一位大乘僧人出现，才改变了一切。

现藏于辽宁省博物馆的绢本设色人物画《神骏图》（图3-12），是五代时期某位佚名画家的临摹作品，原画出自特别善于画马的唐代宫廷画家韩幹的手笔。画面中，一位身披袈裟的健硕的中原男子，手持木杖，与他的文士朋友，各倚卧于紧邻小溪的石台上。持鹰的胡族仆人，恭敬地在他们身后肃立，随时听候主人的召唤。溪水中迎面踏来一匹由仆童驾着的骏马，身姿飘逸，鬃毛凛凛，神采盎然。男子抬头眺望，静穆而专注地把视线投向它。这幅画讲述的故事，源于《世说新语》。

支道林，这位出生于中原陈留的一代高僧，自幼随家人南渡。他早年钻研小乘佛法，后来则因在大乘般若学上的造诣精深而在佛教思想史上享有一席之地。支道林酷爱马，时人中风言"和尚养马不风雅"，支道林却说："我看中的是马的神采风韵。"支道林的意思是，或许为功能而养马不够风雅，但倘若只为在精神世界中享受马的英姿，那么境界当然就不一样。韩幹的这幅《神骏图》，刻画的就是这个故事。

二十五岁那年，支道林在东晋建康城里博得了大名。成就这一点的，就在于他以大乘佛法为本，在冠盖云集的朝堂勋贵面前，有理有据地批判了郭象的《庄子注》。

《庄子·内篇》的第一篇《逍遥游》，开篇就讲了个大鹏与小鸟对话的寓言故事。如前所述，郭象对这个故事的理解是，万物或许都有自己的约束，但无论是否受到约束，只要安于本

3-12 神骏图（五代）

辽宁省博物馆藏

画中身披袈裟抬头眺望的僧人叫支道林。他自幼随家人南渡，早年钻研小乘佛法，后来在大乘般若学上取得精深造诣

性，精神就能够自在自得，处于逍遥状态之中。支道林在郭象的解释中洞察到一个漏洞，他反问道：倘若安于本性就是逍遥，那么恶棍的逍遥岂不就是不断去做坏事？这一问可谓石破天惊，直中要害。郭象将"自性"当作实有的东西，从而认为"自适其性"乃精神逍遥的基础。支道林的反诘，则指明"自性"并非实有。

从大乘佛教的观点看，诸法皆空。出生于公元2世纪中叶的印度佛教大师龙树，将大乘佛法的精神概括为"不生不灭、不断不常、不一不异、不去不来"。大乘佛教提倡信众要在这"八不"中，看到事情真正的本质，始终以"中道"之心来观察。能够做到这一点，也就获得了"般若"智慧。

既然如此，被郭象当作实有的"自性"，当然也只是一个空。这就意味着，郭象对《庄子》的理解，或者甚至说《庄子》本身对"道"的理解，都不够彻底。举个例子说，《庄子·山木》中有一句话说，"物物而不物于物"。这句话也是

《庄子注》的核心要义，强调了求道者要随物而化、不为物所役使。但支道林带来的大乘佛法却认为，空的就是空的，所以，能真正"不物于物"的只能是一个绝对的空，而不是任何实有的"物"。这就是说，认识到不为物牵累，仍然不够，更为关键的，是要从根本上否定物的存在，将一切都看作因果关系碰巧凑合而成的名相。

支道林对《庄子·逍遥游》的解释，深深打动了沉迷于抽象思维方法而不能自拔的东晋士人贵族群体。极端崇尚形而上学思辨的他们，终于认识到大乘"般若学"所具有的强悍抽象思辨能力。于是他们的注意力逐渐转移到大乘佛教经典上。"名教"和"自然"这个西晋以来一直摆在士人贵族面前的生活方式选择难题，现在就有了新的思想观念资源来加以消解。

已经部分汉化的大乘佛教经典于是立即派上了用场。

此前，信奉大乘佛法的贵霜帝国僧侣支娄迦谶于东汉末年来华，并且在洛阳初步翻译出了一些重要的大乘般若学经典。作为第一代佛教翻译家，支娄迦谶在翻译工作中遇到了难以克服的语言和概念障碍，他不得不借助道家的术语，对许多重要的佛经概念来曲折比附。这就是所谓的"格义"。格义带来的后果，必然是汉语在把握大乘哲理时的大量曲解和误读。

到了支娄迦谶的学生支谦，对汉文化和汉语的理解达到新的高度。于是大乘佛经的翻译水平也就在文质两个方面都得到了提升。支谦对支娄迦谶译过的佛经做了部分重译，并且新译了一些。这其中，有一部《维摩诘经》，它既是印度佛教早期大乘经典，也是少数完全融入中国文化遗产的佛经经典文献，[24]还是东晋南朝时期中国江南地区最有影响力和最具阅读量的佛教经典。正是以这部经典为文本依据，支道林带着他的士人贵族朋友们，逐步走进大乘佛法哲理的世界，从而也使佛教真正进入中国文明精英文化圈中。[25]这是佛教在中华世界扎根的重要一步。

《维摩诘经》这部经书，讲述的是一位在家居士自称卧病，与前来探望的文殊菩萨以及其他诸天神菩萨辩经，为他们开示大乘般若学奥义的故事。选择一位居士作为戏剧主角，是《维摩诘经》不同凡响之处，也使其在大乘佛教经典中风格别开生面。

居士，在大乘佛教观念中，是尚在修行、未得开悟之人。维摩诘既然是一位居士，何以能与以智慧著称的文殊菩萨辩经，甚至为诸天神菩萨开示？唯一的可能就在于，居士维摩诘实际上早已在佛法奥义上达到至高境界，远在诸天神菩萨的修行水平之上。

敦煌莫高窟第103窟东侧门相邻墙面的空处，以经变画的形式讲述了维摩诘与文殊菩萨辩经的故事（图3-13）。[26]这幅壁画颇具唐代著名人物画艺术家吴道子的用笔神韵，普遍认为是盛唐时期的作品。卧榻上，维摩诘似乎十分健康。看起来，他的"病"不在身体，不是普通人生老病死意义上的"病"。居士的"病"，在于看到众生在幻象所堆积起来的因果世界里挣扎沉沦，而生出救其于苦难之中的慈悲和愿力。

普度众生、实现一切众生的解脱，是大乘佛教区别于上座部佛教最重要的思想之一。要解救众生，就不能脱离众生。但同时也不能如众生一样，重坠幻象编织的迷网。从大乘佛教的观点看，众生之所以执迷不悟、饱受困苦，根源在于难以破除

卧榻上，居士维摩诘看到众生在幻象所堆积起来的因果世界里挣扎沉沦，而生出救其于苦难之中的慈悲和愿力

3-13 敦煌莫高窟第103窟
东壁局部（唐）

敦煌博物院藏

执着心,从而无法避免由执着心导致的区分心。

既然执着于区分,是众生心灵受苦的根源,那么,不仅在家与出家之间的区分毫无意义,甚至连神、魔世界的区分也毫无必要,因为它们都是执着的表现。在描述维摩诘与文殊菩萨辩经故事之前,《维摩诘经》借持世菩萨之口,讲了一则维摩诘如何应对诱惑的故事。

魔王波旬为了测试维摩诘的成就,带了魔界一万二千天女来到维摩诘卧榻前,以声色诱惑维摩诘。结果,维摩诘不仅不为所动,反而为诸天女说法,使她们都萌发出求佛之心。生出菩提心的诸天女,于是都想留在维摩诘身边继续求教修行,然而维摩诘却要求她们回到魔界,用自己的菩提心打动陷溺于那里的其他不幸生灵。

维摩诘这些举动清楚地表明,五浊世界可以是佛国净土,现世生活同样可以是佛性圆满的乐园。就像维摩诘对即将回到魔界的诸天女所说的:"修佛之法,譬如点无尽灯。每一盏点亮的灯,都能接着去点亮千百盏灯。当所有的灯都被点燃,即便魔王世界的幽冥,也会被彻底照亮。"[27] 倘若魔界的诸天女,在破除区分与执着之后,都能返身回到魔界,去成就大乘佛教自利利他的圆满,那么,对于困顿于东晋朝堂之上的士人贵族来说,"名教"与"自然"的冲突又算得了什么呢?

不难想象,不论是否皈依佛门,一位困顿于精神自由与世俗尘网之间的东晋南朝士人贵族,听到这样的故事和道理,心灵上所受到的慰藉和支撑有多大。也正因此,《维摩诘经》作为大乘佛教思想和观念的最佳代言人,彻底征服了南渡之后的精英文人圈。据饶宗颐先生研究,整个六朝时期,维摩诘经变画之流行、之广传，为其他佛教经变画所难以匹敌。[28]

　　强调通过在人间修行来成就佛果，从这一刻开始，构成了佛教中国化的教义底色。源于印度的佛教思想，正是依靠这种现实性、人间性，在两汉儒家经学式微后8个多世纪之久的时间里，取代了儒家文化，吸引了从王侯贵胄到普通民众的大量信徒。8个多世纪后，当北宋思想家决心恢复儒家在中国文明中的正统地位时，他们首先要克服的，就是大乘佛教在中国文化中已经建立起来的优势地位。

丝　路

　　4世纪初，悄然壮大起来的匈奴部落，不仅已经获得对山西很大一部分地区的控制权，而且吸收了河北的胡族势力。在频繁袭扰西晋腹地后，公元311年，匈奴首领刘聪派出精兵，一路烧杀，直至洛阳，彻底终结了西晋政权残存的统治能力。

　　洛阳发生的事情，过了很久才传到位于甘肃的武威和敦煌一带。居住在那里的外国客商那奈·万达克听说后忧心不已。他感到中原发生的可怕事件将开启一个充满灾难的时代，未来中国市场将充满不确定性，而他自己恐怕也终将客死异乡。做出这些悲观沉重的预测后，那奈·万达克决定给远在撒马尔罕的两位合伙人写封信，报告自己的所见所思，交代遗产的分配方案。但不知何故，这封信与其他七封同样不太走运的信一起，永远地留在了敦煌，直到1907年被英国人斯坦因发现。这些信札现存于大英博物馆，其中那奈·万达克所写的那封，被编为"粟特古信札第2号"（图3-14）。

3-14 粟特古信札第2号
（西晋）

大英博物馆藏

遥远的撒马尔罕，位于今天乌兹别克斯坦的东南部，与敦煌相距2000多公里。那里曾是地区中最为富裕的城邦王国，住着一群酷爱经商的人，就是闻名中古世界的粟特民族。粟特人并不只是住在撒马尔罕，也居住在许多个其他小型商业城邦中。到公元4世纪初，汉、贵霜、帕提亚和罗马四大帝国国力日益衰微，彼此官方贸易中断，这些小型城邦中的粟特人抓住这一历史机遇，靠着勤劳和勇敢，在马蹄和驼铃声中行走于西域或中亚的广袤土地上，悄然成为大国贸易的中间人。

粟特商人宛如中古欧亚世界的文明搬运工。他们从西边运来金银、香料、药材、奴婢和珍奇动物，又从东边运走布匹和丝绸，甚至不畏艰险地穿越印度，经由越南到达中国南方沿海地区。他们在腾挪财富、物产、艺术、知识、信仰的同时，赚取惊人的差价，用自己的脚步将欧亚大陆上一个个伟大的都城和富庶的城邦串连成线。这条从长安、洛阳直至罗马的线路，最早由西汉帝国人张骞开拓，在充满贸易精神的粟特人脚下，又不断充实、丰富。1877年，德国地理学家李希霍芬给这条线路起了个优雅的名字：丝绸之路。

丝绸之路是商业之路、和平之路，也是梦想之路。就像任何一个伟大的城市那样，撒马尔罕城自然有它的阴影。对于那些没有任何本金和资源的粟特人来说，放手一搏，走出撒马尔罕，走到传说中的东方帝国的都城，或许会有意想不到的机会。故宫博物院中收藏的一件唐代三彩雕塑，就生动讲述了一个撒马尔罕贫苦百姓的"中国梦"。

这件"三彩胡人骑驼俑"（图3-15），主体雕塑是一头风尘仆仆的骆驼。骆驼双峰间坐着一个瘦弱的粟特人。他身着粟

3-15 三彩胡人骑驼俑
（唐代）

故宫博物院藏

对于那些没有任何本金和资源的粟特人来说，放手一搏，走出撒马尔罕，走到传说中的东方帝国的都城，或许会有意想不到的机会

特人标志性的三角翻领大衣，双手紧扶胸前驼峰，身姿拘谨，目光却远眺前方，仿佛对未来命运充满渴慕和期待。在他肩上，匍匐着一只猴。这是这位粟特人仅有的财产，也说明了他驯猴师的卑微身份。像这位驯猴师一样靠出卖杂耍手艺来娱乐东土人民以谋取生计的粟特人，早在东汉末年就已进入中国。他们的地位一直十分卑微，毫无可能进入中古中国的上流精英社会。但另一些抱团取暖、专营商贸的粟特人，命运就大为不同了。

对于那些试图通过贸易来致富的粟特人，单独行动绝无成功的可能，所以他们结成武装商队，跋涉于戈壁和海洋。在这些商队中，将人群组织起来的首领叫作"萨保"。从离开故土踏上艰苦的贸易之路起，萨保就一直是商队的领袖；而等到商队最终选择在某个贸易点上定居下来之后，他又将转换身份，变成粟特社区的统治者。[29]

在中古中国的北方世界，强大的粟特商团星云密布，他们围绕主要的城市甚至都城，以聚居方式形成一个个贸易点，连成财富的网络。对于任何一个试图在北方建立起帝制政权的军事领袖来说，如何处理这些有组织的粟特商团的事实性存在，都是一个重要的执政议题。从拓跋氏统一中古中国的北方世界、建立北朝起直至唐代，中华世界的中央和地方政府逐渐找到了消化吸收粟特商团的模式，那就是将萨保作为一种正式制度，纳入帝国官僚系统中。通过设立"萨保府"，帝国中央正式承认了萨保及其家族的政治地位，赋予了他们领导粟特社区的合法权力。

曾经在很长的一段时间内，人们对中古中国北方世界粟特社区内部生活方式的了解，只能通过史书的文字记载来想象。语焉不详或矛盾重重的文字遗存，给后人增加了许多理解上的困难。20世纪末至本世纪初，虞弘墓、史君墓等高等级粟特贵族墓的连续发现，从根本上改变了这一点。这其中，2000年出土于西安北郊的北周安伽墓，价值尤为特殊。这是迄今所知最早的萨保墓。

根据完整墓志记载，墓主安伽死于公元579年。他生前不仅出身高贵，而且地位极为显赫，是经过朝廷正式任命的同州萨保。他的墓门上方有一座不同寻常的拱形门额（图3-16），上面绘制着奇特的景象：画面左右下角各有一位粟特人，神情庄重平和，各对着一只有火焰升腾的熏炉而拜。两个鹰腿人身的神灵，则各戴口罩，拿着火钳，轻触供养人奉献的祭品。画面中心是莲花基座上站立着的三头骆驼，它们以背为台，托举起一个莲瓣须弥座。一团熊熊圣火，就在这须弥座上燃烧。圣火

上方飞舞着两位天人，左边弹奏琵琶，右边摆弄箜篌。

口罩、鹰人、骆驼和圣火，以毋庸置疑的明确性，使画面含义指向一种流行于粟特人遥远故乡的信仰。[30]这就是起源于古代伊朗的琐罗亚斯德教，也就是所谓的"拜火教"。在中国人还不知其名称时，曾称之为"祆教"。

根据祆教教义，火之所以如此高贵重要，在于它能给人以正义的力量和勇气战胜邪恶。祆教信仰认为，世界是一个善恶混杂的地方，被称作马兹达的神则是最高智慧所在。马兹达教给人以正义和真理，但却并非全能，因为在幽暗的地方，还潜伏着黑暗之王、恶神阿里曼。虽然马兹达与阿里曼的竞争最终

3-16 安伽墓门额（北朝）

陕西历史博物馆藏

将以善战胜恶为终结，但这场善恶大战的过程却惊心动魄，事关每一个人类生灵的得救或毁灭。

正是由于强调善恶之间的截然对立和相互斗争，袄教的一元论神学思想中，就蕴含了二元论的哲学思想，并且产生了伦理含义。按照《阿维斯陀经》的说法，到底是走马兹达指引的路从而到达善，还是走阿里曼诱惑的路从而到达恶，是摆在每一个人面前不得不做出的抉择。通往善的道路上，一个人的内心将被善念萦绕，从而口出善言，施行善事，他们最终所走到的地方，将充满智慧、安宁与平和。但通往恶的道路上，一个人的内心则将被恶念裹挟，从而口出恶语，多行不义，最终走向一个囚笼般的地狱世界。[31]与善的光明世界不同，地狱世界既是黑暗的，也是暂时的。马兹达注定将取得善恶大战的胜利。之后，恶的世界将被消灭融合。因此，归根到底来说，整个世界只有一个前途，那就是通向善的王国。恶终将无处可逃。

袄教认为，面对着善与恶，人有责任依靠自己的意志去选择善。从哲学上说，这个观念是袄教信仰的最伟大之处。《阿维斯陀经》指出，善是一个人在认知中对真理和智慧的拥抱，而恶则是沉溺于虚假、谎言和各种形式的自我欺骗的后果。可见，袄教意义上的善和恶，是一种认知意义强烈的概念，强调一个人必须在心灵中把握到真相和幻觉的区分，并且毫不犹豫地接受真理的引导。正因此，尽管大量富有特色的袄教教仪（比如奇特而著名的袄教葬仪）无不说明袄教的宗教本质，但正是在对智慧和真理的极大推崇中，袄教也无意之间淡化了通过教仪获得拯救的意义。就像《阿维斯陀经》所表明的，"获得智慧"才是一个人过善的生活、成为善的人的终极法宝。

祆教创立者琐罗亚斯德的生平已经很难考证，但比较明确的是，《阿维斯陀经》中蕴含着丰富哲学二元论思想的《伽泰》篇，确为他本人所创作。在文明碰撞、融和的历史长河中，这些粗略但明确的"善恶二元"与"意志自由"观念，一旦脱离祆教这一原始母体，就会在哲学和神学两个方向上获得更为精巧的发展。琐罗亚斯德死去许多年后，祆教蕴藏的思想和观念从古代伊朗-波斯世界走向地中海，进入希腊、叙利亚和埃及地区，不仅深刻打动了古希腊哲学家柏拉图和后来的柏拉图主义者，还成为了基督教和伊斯兰教的重要思想来源。

祆教创立很久以后，公元3世纪中叶，古代伊朗-波斯世界进入萨珊帝国时期。一位来自底格里斯河畔叫作摩尼的人，到处宣称自己是继琐罗亚斯德、耶稣和释迦牟尼之后的第四位，也是最后一位先知。摩尼的说法庞大而富有体系，杂糅了祆教的善恶二元论思想、基督教的耶稣崇拜和启示录拯救说以及佛教的禁欲主义和轮回观念。[32]摩尼的行动在当时堪称惊世骇俗，因为在有文字记载的历史上，这乃是人类第一次有意识地通过融合不同的已有宗教学说来创建新教。这一次，摩尼创建的新教被称为"摩尼教"。在中国史书中，它也叫"明教"。

融合既是创新，也意味着异端。在琐罗亚斯德教已被确立为国教的萨珊波斯，摩尼和他的门徒显然不会有太好的运气。大约在公元276年的时候，摩尼被国王瓦赫兰一世杀害。之后，波斯摩尼教徒为躲避迫害，向东逃窜，进入中亚地区。公元4世纪末开始，随着中国北方的统一，大宗贸易需求也与日俱增，无利不往的粟特人热情奔波于中亚绿洲与长安洛阳之间。摩尼教终于找到了它的新客户：粟特商团。

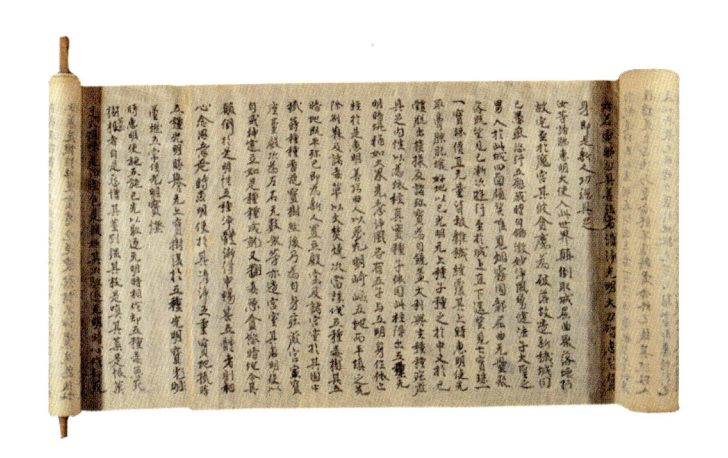

粟特商团打算将摩尼教传入中古世界的汉语文化圈，但它的教义中的厌世情绪，与注重当下、热爱现世生活的中国哲学存在根本冲突，因此也就不可能融入中华文化主流之中

3-17 **摩尼教残经**（唐）

中国国家图书馆藏

    粟特商团经由敦煌，将摩尼教带入中原世界。中国国家图书馆藏有一份以汉语撰写的摩尼教文献《摩尼教残经》（图3-17），1907年由斯坦因在敦煌莫高窟藏经洞发现，与流失海外的《摩尼光佛教法仪略》《下部赞》并称"摩尼教敦煌汉语三经"，是现世仅有的三份汉语摩尼教文献之一。这说明，信奉摩尼教的粟特商团，并不打算将摩尼教作为自己的文化私藏，他们试图将其传入中古世界的汉语文化圈。

    但这件事多年中都不太顺利。直到公元690年，摩尼教才终于在盛唐帝国遇到了千载难逢的机会。这一年，古代中国唯一的女皇帝武则天改元登基。

    武则天称帝后一直面临一个哲学难题，事关其帝位的合法性：在一个男权社会，为什么女人可以做皇帝？陈寅恪先生犀利分析说：为了证明自己可以做皇帝，武则天就不能求助于强调男尊女卑的儒家经典。[33]于是，佛教徒僧法明敬献《大云经》，以"受记女身而为圣王"的大乘教义为武则天背书。将女神"善母"奉为世界主宰的摩尼教，自然不会放过这个机会。公元694年，摩尼教士拂多诞朝觐，献上摩尼经典《二宗经》。对影响日益扩大、信徒越来越多的佛教已动限制念头的武则天，于是就顺势抬举起摩尼教来。[34]

除了服务政治目的之外，武则天对摩尼教教义其实毫无兴趣。甚至，我们完全可以合理怀疑这位女皇帝到底有没有对拂多诞献上的《二宗经》中的思想和观念有过了解，因为这部摩尼经典其实很不寻常，它宣扬了摩尼教的一个根本观点：世界是邪恶的，必须抛弃。

祆教在谈到善恶二元论时，强调每个人有责任去选择善的生活，但对善土何在、恶国何在的问题，讲得并不清楚。摩尼对祆教的善恶二元论加以改造，通过阐发一套奇特的宇宙创世论，将所有由物质所组成的东西都贬斥为邪恶，从而将整个物质世界都划进了恶的国度。这就意味着，从人的肉体，到世界本身，本性上都是邪恶的。收藏于大英图书馆的摩尼教文献《下部赞》，就将人的肉身比喻成坟墓。[35]坟墓也是牢笼，其所掩埋和囚禁的，就是摩尼教观念中善的所在：永生的灵魂。

可见，摩尼教的善恶二分，已经不像祆教那样，只是心灵认知意义上的真理与幻觉的二分，而是非常具体地对应着物质与精神的二分。物质是堕落的、悲惨的、邪恶的、充满腐蚀性的，而纯粹精神则是善良的、高洁的、神圣的、努力寻求拯救的。对一个人来说，克服他的肉体，就是真正的拯救之道；对世界本身来说，克服自己的物质性，才能重建善土。俗世是灵魂的敌人，是困顿神灵的邪恶陷阱。摩尼教不遗余力地宣传，在世界的末日，当一切物质性，也就是世界本身被毁灭时，最纯净的善土也将降临。现存《二宗经》残片中，就娓娓道出了一则预言，表示世界终将处于审判之火中，邪恶会永久留在物质之中忍受欲望的折磨，而善人的灵魂则将升入纯粹精神性的光明世界。

将此刻、当下、现世以及我们的身体当作牢笼、视若仇敌，以为人能够仅仅依靠精神的力量获得"拯救"，认为人的精神能够最终克服肉体的限制，从而进入摆脱了一切物质性的"另一个世界"，这是一种哲学上的"反宇宙论"，也是西方文明特有的"灵知主义"思维。[36] 尽管摩尼教在中国一直存续到元代，在福建沿海等地留下许多物质文化遗存，但其教义中的厌世情绪，与珍视此刻、注重当下、热爱现世生活的中国文化存在根本冲突，因此无论他们怎么努力，也都不可能融入中华文化主流之中。

公元1623年，气若游丝的明王朝正在它的最后岁月中勉力维持。早先沿着海路从厦门、澳门、广州等地进入中国的西方天主教士，此时人数颇具规模。利玛窦等教士已经北上朝觐过皇帝，与朝廷大员建立了良好关系。日后的礼部尚书兼文渊阁大学士、近代西方自然科学的著名爱好者徐光启甚至已经受洗了20年之久。就在这一年前后，陕西西安附近出土了一块制作于近八个半世纪前的石碑，碑头正中赫然刻了一个十字架，震惊了这些中外天主教徒。这就是"大秦景教流行中国碑"（图3-18）。

粟特人为自己的聂斯脱里派信仰找到了不错的营销策略，"贴牌"上市为景教。但盛唐帝国的人民，最终也只是选择性地接受了夹杂其中的异域新奇技术

3-18 大秦景教流行中国碑（唐）拓片

原碑藏西安碑林博物馆

"大秦",是中国古代对近东叙利亚地区的称谓。公元428年,叙利亚天主教士聂斯脱里出任君士坦丁堡牧首,在反对论敌的同时,他创立了基督教异端聂斯脱里派。

正统天主教认为,上帝只有一位,圣父、圣子、圣灵"三位一体",只是上帝为了创世、救赎和创教这三件事而借用的名号。因此,圣子耶稣是神。但按照《新约》,耶稣也是玛利亚所生的生物学子嗣。那么,耶稣身上的神性和人性,究竟是怎样一种关系?玛利亚诞生耶稣这件事,到底属于人性范围,还是具有神学意义?聂斯脱里派对这两个问题的解释,构成了他们之所以被划为基督教异端的原因:他们既认为耶稣是神而且是人,也认为玛利亚只是生育了耶稣的肉体而没有赋予其神性。结果,聂斯脱里派就颠覆了正统天主教教仪的核心:圣母崇拜。

作为基督教异端,聂斯脱里派不出意外地受到正统教会的迫害,其追随者于是四散流落到波斯、阿拉伯和印度地区。公元651年萨珊波斯被新兴的阿拉伯帝国攻灭,粟特商人为获取最大的商业利益,故意向中原帝国隐瞒了这一事实,继续冒充萨珊帝国的使臣来往于中国与西亚之间的陆地和海上。[37]他们中相当多的一些人,这时已经信奉聂斯脱里派教义。

除了传统的北方陆上丝绸之路,中国南海与波斯地区的海上交通线这一时期也日见繁华。在后来的多个世纪里,广州逐渐成为粟特商人进出中国的重要门户。一个以广州为中心的岭南贸易圈初步形成。聂斯脱里派,就这样从陆路和海路,随着粟特人的脚步,来到中华世界。

从史书记载来看,聂斯脱里派粟特人在中国的确受到了热烈欢迎，但原因却未必能让他们自己感到高兴。在四散逃离时，聂斯脱里派基督徒从叙利亚和阿拉伯地区还带走了许多源于地中海世界的医学、天文学和机械制造技艺。于是，聂斯脱里派在粟特人中收获信众的同时，也使这部分粟特人看起来宛如中古世界里掌握国际先进技术的专家。那些奇巧的技艺和炫目的珍玩最终到达长安，让城里的王宫贵胄们兴致盎然。[38]

以昂贵的价格将珍奇商品卖给中国人，对于粟特商人来说当然充满诱惑力。但作为信徒的他们，心愿又不止于此。传教，在某种程度上是他们更高的使命和追求。公元7世纪的唐帝国尽管以包容和国际化著称于世，但它的人民在心理和观念上毕竟不易接受饱含末世论色彩的基督宗教。为此，精于商贸的粟特人为他们的聂斯脱里派信仰找到了一个也许对倾销商品确实有效的营销策略："贴牌"上市。

粟特人以"景"字来命名聂斯脱里派基督教，称其为"景教"。这是因为，当时长安城里佛教密宗"大日教"势头日盛，而且唐帝国所推崇的中国本土道教经典中也有《黄帝内外景经》一书。因此，粟特人取"景"字中蕴含的光明、烛照之意以附和声势浩大的佛教，又取其字形的一致以附和中国本土的道教。这些做法的根本目的，是在浑水摸鱼中扩大自身信仰在宗教市场竞争中的品牌标识度。

但信仰毕竟不是商品。信仰越是笃定，也就越是纯粹。一个连教名都模棱两可含混其词的宗教，不可能吸引到全心皈依的信众。"贴牌"行为的代价十分惨重，除了给潜在客户造成认知混乱外，完全无助于大秦景教流行中国碑中所提到的"三位一体""天主造物""神性完美""原罪有害""耶稣救赎"教义在中华世界的传播。盛唐帝国的人民,依凭实用理性的智慧,最终选择性接受了粟特景教徒带来的新奇技术,而剥除掉了他们的信仰。

公元755年,"安史之乱"爆发。景教徒伊思为平定这场叛乱立下奇功,得到皇室嘉奖,获赐紫衣袈裟,为景教在中华世界扩大地盘注下一剂强心针。景教寺也由此在唐帝国的许多地方建立起来。大秦景教流行中国碑就是在此背景下,由兴高采烈并对未来充满期待的景教徒立下的。但景教徒显然过于乐观了。伊思立功的原因极其世俗化,乃是为平叛大功臣郭子仪出谋划策、筹备军需。所以,皇室的嘉奖虽然肯定了景教,但具体的表扬点却跟耶稣基督无关。[39]

在陆地和海洋的丝绸之路上,粟特人不仅是杰出的贸易商人,而且是重要的宗教文化传播者。旅途的艰苦与不测,使他们不得不将自己的命运托付给各种各样的神灵。他们在家乡带走琐罗亚斯德的火坛,又在商旅路上遇见释迦牟尼、摩尼和聂斯脱里的哲嗣。他们拥抱了中古世界的各种信仰,也满怀信心地将这些信仰带入东方,试图让它们在中华世界生根发芽。从公元3世纪到公元8世纪,每一个统一、强大,因而充满文化魅力的中华王朝,都以包容的态度待之。但祆教、摩尼教、景教这著名的中古"三夷教",却因其教义和教仪中超越尘世的末世论色彩,始终没有被中华文化主流所接受。

公元840年之后的五六年间,唐武宗李炎发动了著名的"会昌灭佛"行动。伴随着粟特人的脚步走入中原大地的外来宗教,遭遇了一场集体浩劫。之后,根基深广、已被帝国的各个阶层所接受的佛教,在武宗死后部分恢复了元气。"三夷教"

则从此一蹶不振。祆教日渐沦为愉悦人民的民俗杂耍,摩尼教被异端化为"吃菜事魔"的邪思,景教则被吸收进中国传统文化的方技系统。[40]它们无一作为宗教在中华世界赢得成功。

如果说秦汉帝国是中国文明的一次伟大试验,那么从三国到唐末,则是中国文明的另一次伟大试验。在这7个世纪中,无论是战乱、饥荒还是王朝政权的频繁更迭,都没有削弱中华文化吸收融合各种异质性文化的强大动能。来自异域他乡的人民、文化、思想和观念,无论以军事暴力的方式还是以商业和平的渠道,只要进入中华世界,就被一股无比强大的文化向心力所吸引、包容、改造,最终汇入中国文明的母体之中。这是人类文明史上伟大的7个世纪,也是历史本身的一场奇迹。经过这7个世纪的熔合与锻炼,中华文化的根系变得格外粗壮,枝叶也日益雍容繁茂。不久后,以这7个世纪的思想和观念积淀为基础,一股新的思想潮流将涌上中国文明的潮头。

注 释

1
关于佛教进入中国的路线,学术界存在争论,概括起来分三派:一是认为经由西域走陆路传入,一是认为经南方海路传入,还有一种观点认为从缅甸经云南四川一线传入。从目前的考古证据分析,西域说应当是最为确凿的。参见荣新江:《陆路还是海路?——佛教传入汉代中国的途径与流行区域研究述评》,《北大史学》,2003年第1期,第321-342页。

2
按照艺术史学者石守谦的区分,所谓"规鉴画"又分为"画像规鉴"和"故实规鉴"。所谓的"画像规鉴",是以历史人物的画像为主,并不附加其他情节的描绘,而依赖观者对此任务的认识来进行劝诫;而"故实规鉴"则是通过表现历史上发生过的具有教育意义的某一事件，来达到教化劝导功能。参见石守谦：《风格与世变：中国绘画十论》，北京大学出版社，2008年版，第97页。

3
《白虎通义·三纲六纪》："君臣法天，取象日月屈信（伸），归功天也。父子法地，取象五行转相生也。夫妇法人，取象六合阴阳，有施化端也。"

4
冯友兰先生也认识到，这套制度的后果，就是建立起了"名词"崇拜。参见冯友兰：《三松堂全集》第11卷，河南人民出版社，2000年版，第81-84页。

5
《后汉书》："汉世乱而不亡，百余年间，数公之力也。"

6
陈寅恪：《述东晋王导之功业》，收于《金明馆丛稿初编》，生活·读书·新知三联书店，2015年版。

7
郑岩研究认为，北魏孝子图文化的普及和流行，与胡灵太后掌握权柄并利用"子贵母死"制度安排的漏洞强化权力有关。参见郑岩：《逝者的面具：汉唐墓葬艺术研究》，北京大学出版社，2012年版，第280页。

8
关于石室的功能，巫鸿等学者认为是葬具，而林圣智等学者则认为是祠堂。邹清泉教授对此有进一步深入探讨，参见邹清泉：《图像重组与主题再造："宁懋"石室再研究》，《故宫博物院院刊》，2014年第2期。

9
陈寅恪：《陈寅恪集·诗集》，生活·读书·新知三联书店，2000年版，第12-17页。

10
日本学者宫崎市定对"九品官人法"的研究颇具经典性，甚至代表了日本学界对中国古代史研究的最高水平。参见宫崎市定：《九品官人法研究：科举前史》，韩昇、刘建英译，生活·读书·新知三联书店，2020年版。

11
汤用彤先生认为，《人物志》中受老庄道家思想影响较大者有二，一是立身之道，二是人君之德。参见汤用彤：《读人物志》，收于《魏晋玄学论稿》，生活·读书·新知三联书店，2009年版，第15页。

12
冯友兰先生指出，这一时期许多士人"虽宗奉道家；而其中之一部分，仍推孔子为最大之圣人"。参见冯友兰：《中国哲学史》，华东师范大学出版社，2015年版，第59页。

13
《世说新语》："王辅嗣弱冠诣裴徽，徽问曰：'夫无者，诚万物之所资，圣人莫肯致言，而老子申之无已，何邪？'弼曰：'圣人体无，无又不可以训，故言必及有；老、庄未免于有，恒训其所不足。'"

14
陈寅恪先生在《魏晋南北朝史讲演录》中认为，曹魏政权以寒门取代袁绍所代表的高门士族掌权，到了司马氏代魏，则实际上是接续了袁绍从而实现了高门士族的再次掌权。参见陈寅恪：《魏晋南北朝史讲演录》，万绳楠整理，广西师范大学出版社，2019年版。

15
罗宗强先生将这28种活法归纳为入世、游戏人间和出世三类。参见罗宗强：《玄学与魏晋士人心态》，天津人民出版社，2005年版，第82页。

16
这个考证的实物证据是巫鸿先生在北京大学人文社会科学研究院举办的2021年度荣誉讲座"山野的呼唤——神山的世界"中给出的。

17
陈寅恪先生认为，"竹林之游"并非历史的真实，而是东晋好事者所捏造；"七贤"则是时人附会《论语》"作者七人"的说法而杜撰。参见陈寅恪：《魏晋南北朝史讲演录》，万绳楠整理，广西师范大学出版社，2019年版，第48页。

18
据韦正先生考证，"竹林七贤"主题的墓室壁画出现时间可上推至刘宋。参见韦正：《将毋同：魏晋南北朝图像与历史》，上海古籍出版社，2019年版，第85页。

19
《论语·为政》："子曰：为政以德，譬如北辰，居其所而众星共之。"

20
《庄子注》："夫圣人虽在庙堂之上，然其心无异于山林之中。"

21
日本民俗学家小南一郎认为，中日文化在谷仓和祖先神灵之间关系的看法上具有许多相似之处。参见小南一郎：《壶形的宇宙》，《北京师范大学学报》，1991年第2期，第28-31页。

22
据《高僧传》的记载，安世高"七曜五行之象，风角云物之占，推步盈缩，悉穷其变；兼洞晓医术，妙善针脉，睹色知病，投药必济；乃至鸟兽鸣呼，闻声知心。于是俊异之名，被于西域；远近邻国，咸敬而伟之"。

23
参见陈祖芬：《佛教对妈祖文化的影响》，《中国宗教》，2018年第3期；以及钱寅：《从观音菩萨到妈祖：民间信仰传说形成的一种模式》，《集美大学学报》，2019年第1期。

24
这是法国汉学家戴密微的观点。转引自孙昌武:《中国文学中的维摩与观音》,中华书局,2019年版,第36-37页。

25
南朝名士常以《维摩诘经》为中心与僧侣开展思想交流。参见孙昌武:《中国文学中的维摩与观音》,中华书局,2019年版,第96-135页。

26
经变画,是用画像来表达佛经内容的艺术形式。按照唐代张彦远《历代名画记》的记载,最早的维摩诘经变画,大约是南朝时期宋政权的袁倩所画。维摩诘经变画目前存世的、有壁画、纸本画、绢本画等多种载体形式。现存可见的最早一幅,在敦煌莫高窟第420窟的北壁,是隋代时期作品。

27
《维摩诘经·菩萨品》:"维摩诘言:诸姊!有法门名无尽灯,汝等当学。无尽灯者,譬如一灯燃百千灯,冥者皆明,明终不尽。"

28
饶宗颐:《饶宗颐史学论著选》,上海古籍出版社,1993年版,第392页。

29
参见荣新江:《中古中国与粟特文明》,生活·读书·新知三联书店,2014年版,第163-187页。

30
姜伯勤:《中国祆教艺术史研究》,生活·读书·新知三联书店,2004年版,第95-120页。

31
龚方震、晏可佳:《祆教史》,上海社会科学院出版社,1998年版,第13-16页以及第57-62页。

32
[美]汉斯·约纳斯:《诺斯替宗教:异乡神的信息与基督教的开端》,上海三联书店,2006年版,第191-192页。

33
陈寅恪:《武曌与佛教》,收于《金明馆丛稿二编》,生活·读书·新知三联书店,2001年版,第165页。

34
王媛媛对此有精彩分析,参见王媛媛:《从波斯到中国:摩尼教在中亚和中国的传播》,中华书局,2012年版,第115-130页。

35
马小鹤:《粟特文"肉身"考》,《粟特人在中国:历史、考古、语言的新探索》,中华书局,2005年版,第480页。

36
[美]汉斯·约纳斯:《诺斯替宗教:异乡神的信息与基督教的开端》,上海三联书店,2006年版,第196页。

37
朱谦之先生指出,"开元以后来中国

朝贡的波斯使者可能很多是波斯商人冒充的使节"。参见朱谦之:《中国景教》,人民出版社,1993年版,第57页。

38
朱谦之:《中国景教》,人民出版社,1993年版,第61-65页。

39
实际上,在筹募军需尤其是军款方面,景教徒伊思遇到了强劲的对手,这就是佛教徒神会。根据《宋高僧传》中《神会传》记载,神会在"大府各置戒坛度僧,僧税缗,谓之香水钱,聚是以助军须"。

40
蔡鸿生:《唐代景教再研究序》,收于林悟殊著《唐代景教再研究》,中国社会科学出版社,2003年版,第4页。

心灵与世界

4

4-1 汝窑青瓷莲花温碗
（北宋）

台北故宫博物院藏

北宋士大夫的心灵，已经厌倦了盛唐的姹紫嫣红与金光银色，渴望沉浸于一种空灵、安静、中和、朴素之中

9个世纪前的某一天,河南汝州一座窑场的工匠们正小心翼翼打开窑炉门。上百件瓷器已经在1300度高温下灼烧了十几个小时。但工匠们并不着急,反而任由器表温度迅速降低。窑炉中不断传出琳琅碰撞般的清脆声响。整炉瓷器就在这叮叮咚咚的碎裂声中经受制作工艺的最后一环,任由时间和自然在它们身上刻画绝无重复的痕迹。等到回复了常温,工匠们将它们一一取出。40%以上的报废率并不令人意外。真正令人意外的是,在人与自然的精巧合作下,诞生了一件无与伦比的精品:汝窑青瓷莲花温碗(图4-1)。

温度还原过程中发出的声响,化作温碗表面一条条细密的开片纹路。晶莹剔透的釉体,散出像雨后天色那样神秘的光泽。细密纹路对釉质的分割,让这只温碗看起来如玉似冰。此刻,如果碗的边缘恰好与光线处于特定夹角,一道玫瑰色的微光就会闪现在人们眼中。那是玛瑙粉添加进釉料,经过高温灼烧后,奉献给心灵的一丝慰藉。当历史进入公元第12个世纪,欣赏和把玩这只温碗的心灵,已经厌倦了盛唐的姹紫嫣红与金光银色,渴望沉浸于一种空灵、安静、中和、朴素之中。这是一种前所未有的文化品位。拥有这种品位的人群,大规模步入思想文化舞台的中央才不过两个世纪。这群人拥有一个统一身份：士大夫。

就像温润的汝瓷脱胎于炽焰，士大夫登场的历史背景，充满黩武的暴力。公元960年正月初四的凌晨，在河南封丘一个叫作陈桥镇的地方，受令北上的军士们聚在一起，密谋一件大事。天亮时分，达成共识的众人冲进主帅营帐，将事先准备好的黄袍强行披在点检赵匡胤身上，然后高呼"万岁"。惊魂稍定的赵匡胤，与军士们约下不许虐待旧主遗勋、不许抢掠屠城的规矩后，放弃北上任务，立即折返都城开封。当天中午，年仅七岁的后周恭帝宣布禅位。赵匡胤登基称帝，改国号为"宋"。沉沦于黑暗中已达85年之久的中华世界，开始看到新生的曙光。

其实，早在公元755年，黑暗就已经投下它的阴影。那一年末，混合了粟特和突厥骨血的皇帝宠臣安禄山，依仗手中的重兵，以"清君侧"为借口，起兵反叛。半年后，叛军攻破潼关。唐玄宗李隆基被迫"西狩"，进入四川盆地。不多久，安禄山被自己疯狂的儿子安庆绪弑杀。接着，将领史思明又杀掉安庆绪，并接收了整个叛军部队。这场令帝国蒙尘的叛乱，持续了七年多才迎来结局。尽管朝廷夺得了最后的胜利，但"大唐"这个曾经的东亚政治经济文化中心，却也已经面目全非。这个孕育过"贞观之治""开元盛世"的伟大世界帝国，从此一蹶不振，步入了死亡期。

"安史之乱"给唐帝国带来了剧烈冲击。在文化上，帝国不再为自己的包容气象感到自豪，对异族和异域文化的猜忌与怀疑日益扩大。忧心忡忡的人们开始努力重建"中国"文化的正统性。在制度上，为抗击叛军而不得不设立的藩镇，在陆续蚕食掉本属中央政府的政治、军事和经济权力后，已经变得尾大不掉。很快，它们发展为一个个互相割据、彼此竞争的失控强权，并在一系列偶然因素的促使下，将整个中华世界拖入"五代十国"混乱中。

公元875年，黄巢纠集走投无路的华北灾民，对风雨飘摇的大唐帝国发起最后一击。他们从山东出发，一路烧杀抢掠，屠戮城市和集镇。在顺时针洗劫了整个帝国后，农民军于公元880年末攻克东都洛阳，一个多月后，进入帝都长安。这场暴力的烈度残酷无比。十数年时间里，黄淮流域人口锐减近五分之四。[1]长安城更是惨不忍睹。曾经璀璨的宫阙、楼宇、居第荡然无存，"荆棘满城，狐兔纵横"。公元904年，当军阀朱全忠下令拆除整个长安城时，这座曾经的世界之都，已只剩下些残垣断壁和石台地基。秦汉帝国以来北方最伟大的城市，从此再没有恢复往昔的威严。

所以，黄袍披在赵匡胤身上时，天下的局面异常棘手。社会自下而上溃败得难以收拾。中古中国门阀氏族此刻已经从肉体上被消灭殆尽。大小政权变幻登场，军心向背随时决定军阀命运，没有任何一个军事首领有能力建成执政超过18年的政府，更不要说收拢星散各地的割据集团、重建统一的帝国。

对于已经建立"宋"的赵匡胤来说，最急迫的任务是要重建整个社会，彻底终结武夫独大的局面，将暴力的猛虎重新关进笼子，让一群既没有野心又才华横溢的人成为帝国统治的新基石。发端于隋代的科举制，于是被用心加以改造、完善。不论门第、只讲才学的考试制度建立起来。一个崇尚功绩、鼓励读书，因而充满文化气息的新帝国冉冉升起。

身处每一个偏僻角落的读书人，从此都看到了希望。他们相信，即便出身最底层的普通人，只要凭借着苦学和一定程度的运气，就有望成就青史留名的功业，使自己的家族在一代人的时间里登峰造极。"以天下为己任"，第一次真正成为任何一个识字的人都敢于怀揣的梦想。书卷气不仅很快改变了时代的审美，而且引发了思想和观念的剧烈变动。隋唐以来的中国文明，由此出现了一次重大转型。

禅　道

公元前496年，长相颇似阳虎的孔子途经匡地，被阳虎的仇敌围困长达五天。

命悬一线之际，孔子信誓旦旦地安慰弟子说，大家不会有事，因为如果天命真的要断绝中国文明的血脉，那么上古以来的文化从一开始就不可能传到他的手里。[2] 孔子在这番话中，流露出"斯文在兹"的精神，充满使命感，也沉重悲壮。从此，每当中国文明陷入困顿和障碍之中，这段话就会像一股永不干涸的清泉，从历史源头涌出，赋予人们复兴"斯文"的信心和动力。

在中国的历史上，宋帝国有点与众不同。北宋自建国起，领土面积就没有超过260万平方公里，也从不将自己看作中华世界唯一的帝国。他们通过澶渊之盟承认了辽帝国作为"兄弟之邦"的合法性。这与秦汉、隋唐帝国独霸东亚世界的雄心大为不同。即便如此，宋帝国也有自己的骄傲和坚持，反复声明只有自己才是中华文化和生活方式的正统继承者。

北宋建国之初，回顾过去几个世纪里中国文明走过的路，士大夫阶层的精神意识中，跃动着一种深刻的不安。被誉为

"宋初三先生"之一的石介，为此撰写了一篇《中国论》，将不安的原因表达了出来。他说，从西域来的佛祖和从胡人那里来的老聃，已经用"他们"的观念习惯和生活方式，全方位改造了"我们"的生活方式。中土大地上的人群、大道、风俗、诗书、教育、居所、礼乐、文风、服饰、饮食，乃至祖先祭祀之仪，方方面面无不受其影响、为其所化。[3]

从一种文化的视角看，盛唐在物质文明方面取得的辉煌成就，因此就有点显得不足道。因为物质繁华背后隐藏着巨大的精神文化危机。属于"我们"的特定生活方式，被物质繁盛所遮蔽、肢解、抹除。然而，如果中国文明不能以文化的独特性来自我定义，那么，它又凭什么充满尊严地屹立于世？从古老祖先手中流传下来、在文王和孔子的悉心呵护下发扬光大的中华文化，又如何传递给后世？倘若"斯文"无法在新朝赓续，那么中华文明的传承恐怕就要中断。石介的忧虑正在于此。现在，既然"天命"选择了宋，那么帝国最重要的历史使命就是要复兴"斯文"。

早在中晚唐时期，这种忧虑就已经浮现。传统儒家着眼于经世致用，对"人在宇宙中的位置""人死后的归宿和状况"这些问题，都加以悬搁。"子不语怪力乱神"。只有卜筮问卦、神仙方术这些不入品流的知识，才会关心这些问题。自魏晋南北朝后，世事变迁之剧烈，生命无常之极致，凸显了这些问题对于精神生活的重要性。佛教作为宗教的巨大理论优势，迅速填补了儒家的思想空白，并且进一步刺激本土道家神仙方术思想宗教化，仿制建构出一套说理系统和宗教仪轨，形成了中国道教哲学。

自大唐开国以后，儒家学说虽然仍是治国思想的主要来源，《月令》和《孝经》仍然被皇帝奉若安顿世事的圣典，但儒家思想事实上一直停留在汉代经学水平上，没有显著发展，无力参与佛教、道教在精神世界发起的思想挑战。加之大唐历代君主对佛教总体上采取了文化上宽容、政治上利用、经济上放任的管治策略，对道教更是优厚有加，所以，两大宗教发展迅猛。最终，整个社会形成了浓烈的佛道氛围。下品之人祈求佛祖道君的尘世庇佑和物质奖赏，上品之人则崇尚虚无寂灭和出世不朽的生活方式。儒家价值观和生活方式，已经被排挤到精神生活的边缘。

公元819年，刑部侍郎韩愈决定站出来，改变这个局面。

相传佛祖释迦牟尼圆寂后，阿育王曾将佛舍利分送各地。其中一枚真身指骨舍利（图4-2），因缘际会，不远万里，传到了离长安不远的法门寺。大唐皇室每三十年就要举行一次盛大典礼，迎接真身舍利进宫，瞻仰供奉，祈求国泰民安、国祚永续。这一传统自高宗至宪宗，已经延续了八朝。

元和十四年（819年）正月，时值又一个三十年轮转。唐宪宗决定从正月起"迎佛骨"。就在这时，韩愈上了一道闻名后世的《论佛骨表》。韩愈在表文中说到，佛祖身处"斯文"之外，既不知晓"我们"的语言，也不精通"我们"的传统，更不理解"我们"的君臣大义、父子之情，简直就是一位异乡人。如果从夷狄之分的观点看，佛祖过的是一种未开化、野蛮的生活方式。"斯文"尚且不备，法力又何从谈起？所以，皇帝完全没有必要费力劳神，空耗国帑举办这么一场仪典。表文最后，韩愈建议宪宗皇帝"永绝根本，断天下之疑，绝后代之惑"。还凛然说道，如果佛祖有灵，为此降下灾祸，他就一人负责，绝不连累。

大唐皇室每三十年就要举行一次盛大典礼，从法门寺迎接真身舍利进宫，瞻仰供奉，祈求国泰民安、国祚永续

4-2 鎏金铜浮屠（唐）

陕西法门寺藏

表文上达天听，怒火从宪宗胸中燃起。[5] 不必知道佛祖的想法，皇帝已经决定降下灾祸。尽管有功勋重臣力保，不得不赦免韩愈的死罪，但皇帝仍贬其至偏远的岭南，出任潮州刺史，让他去和乌烟瘴气、飓风鳄鱼一起生活。

在潮州，韩愈确实尝试过整治鳄鱼，[6] 但更多的日子还是在苦闷中度过。韩愈本以为，宛如文化荒漠的潮州，无人能够走进自己的心灵，但意外的是，一位居住当地的和尚却有着极高的精神生活能力。他就是大颠禅师。[7] 韩愈对大颠赞誉有加，视为知己。两人情谊深重，成为精神密友。调离潮州时，韩愈甚至还给大颠留下自己的衣服，以为纪念。

苏轼曾赞誉韩愈"文起八代之衰，道济天下之溺"。能与这样一位心高气傲的大文豪谈笑风生，可见大颠绝非等闲之辈。实际上，大颠是无际大师石头希迁的座下大弟子。石头希迁师从青原行思，算起来是禅宗第六祖惠能的第三代弟子，开创过号称唐代禅宗两大派系之一的石头宗。大颠正是石头宗的正法嫡传。

既反对"迎佛骨"，又与高僧为友，这两件事放在一起，听起来好像有些奇怪。这种看似矛盾的行为，无意间也预示了两三个世纪后宋代士大夫重建儒家文化正统地位时必须接受的一个前提。

无情的时间像翻书一样，不断将文明的新信息叠加在旧信息上。经过近10个世纪的渗透，佛教已经成为儒家文化无法遗忘、始终在场的对话者，立志复兴儒学的人没法像撕掉书本前页那样，彻底抹除异质文化在时间中已经产生的影响力，只能将其消化、改造、扬弃。

在重建"斯文"的浪潮中,佛教免不得会在精英文化世界里衰落。但一抹精神余晖却依然足以耀眼地留在士大夫心里,成为难以忘却的思想光芒。这抹余晖,就是"禅"。

"禅"是梵文dhyāna的音译"禅那"的缩写,是指将精神意识聚焦集中,排除杂念纷扰,进入静心思虑的状态。禅的思想假设了人和有情万物在世间的一切烦恼痛苦都来自于心灵,因此,所提供的根本解脱之道,就全部集中在使心灵摆脱纷扰,重新进入宁静安定的状态。[8]禅以古印度文明中丰富的心灵哲学思想为依托,设计出一套调息、吐纳、制欲修行方法,[9]倡导一种非常高级的精神生活方式。与繁复的宗教仪轨、具体的造像崇拜、累牍的经书诵读等庸俗偶像式宗教崇拜相比,禅不仅雅致平淡,而且直指要害,因而十分吸引中国的文化精英。

佛教认为,人和一切有情感能力的生灵,内心都存在五种活动方式,就是色、受、想、行、识。这五种活动方式构造出各种各样的"心境"。人和有情生灵,就在这些心境中,感知环境对自己造成的冲击和影响,体会自己面对环境时所回应产生的各种情绪,对不同心境状况给予识别定性。没有证悟的普通人,任由心境左右,内心波澜起伏犹如遭遇台风的江上孤舟。但得道证悟了的人,就能真正理解《金刚般若波罗蜜经》中所说的"五蕴皆空",从而摆脱心境波澜的悲喜处境,让内心重新平淡如镜,达到"定"的状态。

"定"就是所谓的"三昧"。佛教强调,佛性恒常为空,时空中的一切皆是心境滋生出的法相。只有平息内心的纷扰,才能将有情的主体从变幻莫测的时空诸相中拯救出去,使其有望触及佛性的本然，达到智慧圆融。所以，"定"是"慧"的准备，"慧"是"定"的目标。佛教也将"定慧"关系称为"止观"，意思就是说，修行者只有使自己的内心处于寂寞静止的状态，不复为欲望和色相扰乱，才能获得观照佛性真谛的内观之眼。

正因为"定"或"止"是证悟佛性的前提，所以，调整心的状态，就是佛教修行的门槛。《二祖调心图》（图4-3）相传由画家石恪作于公元963年，勾勒了一个和尚和老虎的故事。这幅水墨人物画随意粗狂、笔法简单，采取减笔画法，以形写神，开了写意人物画的先河。画面中，和尚的一只胳膊搭着老虎的背，脑袋则搁在胳膊上，衣裳不整，双目紧闭。老虎似乎已经睡着，但乖巧听话的神情清晰可见。佛祖座下第十八位罗汉，恰好也是伏虎的尊者。从猛兽到萌宠的转变，正寓意佛法的慈悲与博爱。

和尚是梦是醒却并不清楚，大概也不重要，因为从佛教的角度看，梦与醒都不过是心境。内心波澜不息的人，醒着也犹如梦魇；而充满禅意的修行，本来就是要克制一切多余的情感和情绪。

画中这位和尚，法号慧可，生活于公元5至6世纪。慧可师从菩提达摩，由于后世各派公认菩提达摩为中国禅宗的开山鼻祖，因而也尊慧可为禅宗二祖。这也是画面左下角所称"二祖"的由来。禅宗特别重视师承宗谱。按照后世禅宗信徒的梳理和追溯，禅宗奥义的传递，要从释迦牟尼在灵山拈花、弟子迦叶为之会心一笑算起。不着言语、以心传心地揭示真妙佛心，就从那一刻开始。

达摩本是南印度人，约于公元5世纪后半叶到达中国。在

4-3 《二祖调心图》
　　（五代—北宋）

日本东京国立博物馆藏

和尚的一只胳膊搭着老虎的背，老虎似乎已经睡着，但乖巧听话——从猛兽到萌宠的转变，正寓意佛法的慈悲与博爱。和尚是梦是醒，并不清楚，但也不重要，因为从佛教的角度看，梦与醒都不过是心境。内心波澜不息的人，醒着也犹如梦魇；而充满禅意的修行，本来就是要克制一切多余的情感和情绪

他之前,源于印度的"禅"思想就已经进入中土,修禅的方法也随着经书汉译为人所知。但他的到来,还是给"禅"思想在中国的流行带来了不可忽视的重大改变。其中最重要的,就是建立了一个以《楞伽经》为中心的教义思想体系,催生了"禅宗"这一佛教中国化的最后产物。

每个人都能在日常生活中感受到自己有一颗"心"。佛教告诉我们,这颗"心"是烦恼之源,也是修行之所。世人在"心"里受困溺,也同样在"心"里得解脱。要达到"佛"的状态,必须从"心"上来努力,别无他求。但问题在于,日常所感受到的那颗"人心",究竟与"佛性"是什么关系?《楞伽经》关于"如来藏"(佛性)和"阿赖耶识"(人心)的论述,回答的就是这个问题。

当时流行于中土的《楞伽经》有两个译本。[10]一个是十卷本,由大乘瑜伽系的菩提流支所译,在北方流传。这个译本说,佛性和人心不是一回事;人心是受污染的心,佛性是清净无染的心。达摩很反对这种说法。

达摩登陆广州后,在南方得不到弘法的机会,但他却很看重此地流传的四卷本《楞伽经》,于是决定携此译本北上,到北魏首都洛阳去。四卷本经书中说,人心就是佛性,因为佛性像种子一样存在于一切众生的身上("胎藏")。在同一颗人心中,存在着真、妄二重意识结构。所以,要成就佛性,关键在于远离妄念的摆布。只要离开妄念("离念"),就能显露佛心真性。因此,佛性就在众生的一念之间。

二祖慧可从达摩那里所继承的,就是这番楞伽教法。[11]根据《续高僧传》记载,达摩使慧可等门下僧众深信,"人心就是佛性",必须接受无法改变的困苦("报冤行"),对境遇采取随缘的态度("随缘行"),对世间名利无所乞求("无所求行"),然后凝神壁观,才能悟出诸相实空、万法无别的道理("称法行"),最终达到心灵与佛性相契合的境界。这就是达摩禅由"行入"再"理入"的"二入"法。[12] 慧可之后,达摩禅教法由三祖僧璨、四祖道信和五祖弘忍接力发扬、世代传承。

从道信开始,禅宗对达摩禅习方法有所改变,依托《文殊说般若经》,形成了"一行三昧"的教法,也就是先收敛心意("一行"),然后通过念佛来获得意识的净化,由此开启了禅宗的"东山法门"。[13] 与道信不同,弘忍则更偏好《大乘起信论》中的"一心二门"说,认为佛心和人心是一颗心,但恒常寂灭("真如门")与色相流转("生灭门")却都是从这一颗心中生发出来的作用和表现。因此,修禅之道的要害在于要看守住"心"的真如状态,不让它滑入生灭之门,生出各种妄念来。

在弘忍的学说中,佛心的"如来藏"就在人心中,但也非常脆弱。稍有不慎,色相世界的尘染就会遮蔽和污浊它。那么,陷溺于大千世界中的平凡人,又如何才能看守住这颗真如的心,呵护住"如来藏"呢?这是个根本性的大问题。弘忍晚年在挑选衣钵传人时,以此为考题,让座下弟子来回答。

众望所归的首座弟子神秀大师写了一句匿名偈,贴在走廊上。[14] 偈语首先说,人的当下身心,就是修行佛法的净坛,不必去寻求彼岸的解脱。这符合禅宗注重日常生活、强调此岸成佛的思想。接下来又说,人要像守护水晶球一样守护自己的心,经常擦一擦上面的污浊。这不能不说也符合"一心二门"的宗旨。神秀是一位好学生,连老师弘忍都曾说过,门内理解

《楞伽经》最好的，只有神秀和他自己。但这一次，弘忍不太满意，私下告诉神秀，从偈语上看，他还没有彻悟。

厨房里，一位来自岭南的不识字杂役，听说了上座神秀的偈后，自己也口诵了一句请人记下，一样贴在了走廊上。杂役的偈说，身和心哪里是什么净坛，不过都是法相的虚妄；佛心本来就是空空荡荡的，又怎么会在色相世界中沾染什么尘埃？[15]目瞪口呆的众人还没反应过来，弘忍就走上前，说这句偈语实在不像话，顺手将它擦掉了。到了夜半三更，弘忍密招杂役，为其讲授《金刚经》，传授达摩袈裟。禅宗的衣钵就这样传到了六祖惠能手中。

参禅入画的南宋画家梁楷深悟惠能禅教法。他用贯注着禅宗意念的笔墨运动勾勒出一幅《六祖截竹图》(图4-4)，看似随意自然，却直击事物本质。画面中的惠能，正在劈柴的瞬间，感悟着读经和念佛无法企及的禅机。

那么，神秀禅和惠能禅的区别到底在哪？在终极目标上，两人没有分歧，都是要显明"如来藏"。但神秀始终强调"真如心"的净和"生灭心"的染。虽然思路遵从"一心二门"说，但他却渲染得好像真的存在着"真如心"和"生灭心"一样。从"万法皆空"的角度说，神秀禅落了下乘。[16]

神秀还强调要经常给心除尘。经常除尘，那就是要在日常生活的时时刻刻、方方面面，努力息除妄念狂想，进入安定宁息的意识状态，小心翼翼地看护、守卫真如心。这就意味着，"如来藏"好比黑暗隧道终点的夜明珠，徒步旅行的人只有靠着日积跬步的努力才能最终摸到。这是"渐悟"。

惠能则认为，世间本来就没什么"心"。我们所谓的

在惠能看来,修禅悟道的契机,就在当下担水劈柴的每一念、每一个意识状态中

4-4 《六祖截竹图》
(南宋)

日本东京国立博物馆藏

"心",不过是一种意识状态。"心"是空的,但意识状态不空,所以人才有那么多烦恼滋生。因此,获得夜明珠的契机,就在当下的每一念、每一个意识状态。否则,假如悟不到世界的"空"和"如来藏"的真,就算在隧道里摸索一千年也没有用。假如当下就悟到了,那么,大自在、大解脱,就在当下的挑水砍柴中。从这个意义上说,画家梁楷本人又何尝不是在作画的每一个瞬间中,证悟"如来藏"的清净与明快呢?

强调"不立文字"和"顿悟"的惠能禅,在"安史之乱"后成为禅宗正统。包括惠能禅在内的禅宗思想,不仅给后来的儒家思想发展带来了刺激,而且也直接影响了中国道教的心性化转型。

在宋徽宗赵佶亲笔题款,也许还是亲笔创作的《听琴图》(图4-5)中,皇帝以道士装扮出场,端坐在画面中央,拨弄着琴弦。面前端坐的两位大臣,凝神屏气,沉醉于琴声中。

皇帝身后一株异常壮观的松树,貌似苍龙,在琴声中接受四方来风。正是一股"气息",将画面中彼此分开的人与万物重新联系在一起。作画的人显然也相信,这股"气息"还能将皇帝、帝国与道教所承诺的宇宙中更大的神圣秩序联系在一起。

这幅画作于公元1117年。正是在这一年,宋徽宗宣布自己是"教主道君皇帝"。皇帝的自我册封并非没有依凭,怂恿他的是新出现的道教神霄派。神霄派可以说是一个杂糅了道教传统迷信和新兴哲理的奇怪综合体。

道教发端于本土神仙方术。在模仿佛教偶像式崇拜的过程中,建立了自己的神祇和宗教仪轨系统。炼丹服丹本来是道教

画面中，皇帝以道士装扮出场，端坐在画面中央，拨弄着琴弦。皇帝身后一株异常壮观的松树，貌似苍龙，在琴声中接受四方来风。正是一股"气息"，将画面中彼此分开的人与万物重新联系在一起。

4-5 赵佶《听琴图》
（北宋）

故宫博物院藏

从神仙方术中继承来的祖传手艺，但缺陷就在于容易引发药物中毒。大唐200多年间，六位皇帝服丹中毒。甚至睿智神武的唐太宗李世民都因为这个缘故，晚年长期处于神智错乱中。到了宋初，道教内部出现了一些改革家，尝试摆脱丹药和充满迷信色彩的符箓，建立一种类似于佛教禅宗的心性化学说体系。为了表明对祖传炼丹手艺的敬意，同时摆脱实际服丹吃药造成的不良社会声誉，道教改革家们拈出了一个天才词语，称新的修行方式为"内丹术"。道教信仰中最有哲学品质的思想分支就此登场。

公元1075年，被道教后人尊为"紫阳真人"的浙江人张伯端，充分吸收了禅宗的心性学说，撰写出《悟真篇》。"内丹"思想的基调得以奠定。"内丹术"将人的身体本身看作火炉，以经络为丹药运行的通道，将精气当作药材，试图通过行气养神，在人体内炼制出一颗丹药。这颗内在的丹药，据说在成仙不朽方面，跟"外丹"一样有效。[17]

神霄派野心很大。他们在自己的宇宙观架构中为皇帝预留了一个尊贵位置，因而深得渴慕成仙、并且也以在世仙人的眼光自我审视的赵佶欢心。作为一个侧重招募信徒的实践派分支，神霄派丝毫没有卷入"外丹"和"内丹"之争的学术兴趣，反而一股脑将它们都吸收进自己的教义系统。这样，无论是精神需求很高的帝王文臣，还是沉迷于神仙道术的愚民野夫，都能在神霄派找到可供慰藉的资源。

然而，这幅画并没有给皇帝带来好运。仅仅十年之后，倒霉的宋徽宗就在"靖康之变"中被金军俘虏，被押北上，北宋国祚就此终断。金军入侵、皇室南渡带来的苦难，反而更加强化了心灵救赎的意义。内丹思想在充满内忧外患的南宋时期不断得到深化和普及，最终发展出影响深远的道教派别：全真教。

到了元代，全真教已成为信仰领域最有影响的道教派别之一，许多伟大的艺术家都深受其影响。像黄公望这样的画家，甚至正式拜入教观成为信徒。[18]他的《富春山居图》（图4-6）无比恰当地展示出，一位深陷龌龊之中的全真教徒，究竟如何在"真心"中守护尘世故土的本然秩序。

天 理

出身寒门的韩愈，在走向帝国殿堂的一路上，十分辛苦。参加大唐帝国的科举，按规定先要考入后备名单，获取资格后才能投考正式名单，进而受到朝廷任用。韩愈考了三次才进入后备名单；随后又考了三次，最终也没考进正式名单。[19]后来跌跌撞撞好不容易做了官，又见不得百姓穷苦、世道衰弱，屡屡上谏，次次遭贬。良心和遭遇的冲撞，酝酿出韩愈激愤的性格。在给好友柳宗元的一封信中，韩愈援引董仲舒的天人感应说，认为世道现实看起来是"残民者昌，佑民者殃"，但残害百姓、作恶多端的人日日夜夜都在违背天意，破坏天地间的元气。所以，与这些祸害元气的人作斗争，会得到上天庇佑和奖励。

柳宗元收到信后，对韩愈提到的元气很感兴趣。他敏锐地觉察到，汉代思想家扬雄虽然早就讲过元气，但只是用这个概念指称化育天地万物的各种自然因素罢了，并没有赋予其内在的伦理意义，也不认为元气有自己的秩序目的。韩愈对元气的

《富春山居图》无比恰当地展示了，作为全真教徒的黄公望，如何在"真心"中守护尘世故土的本然秩序

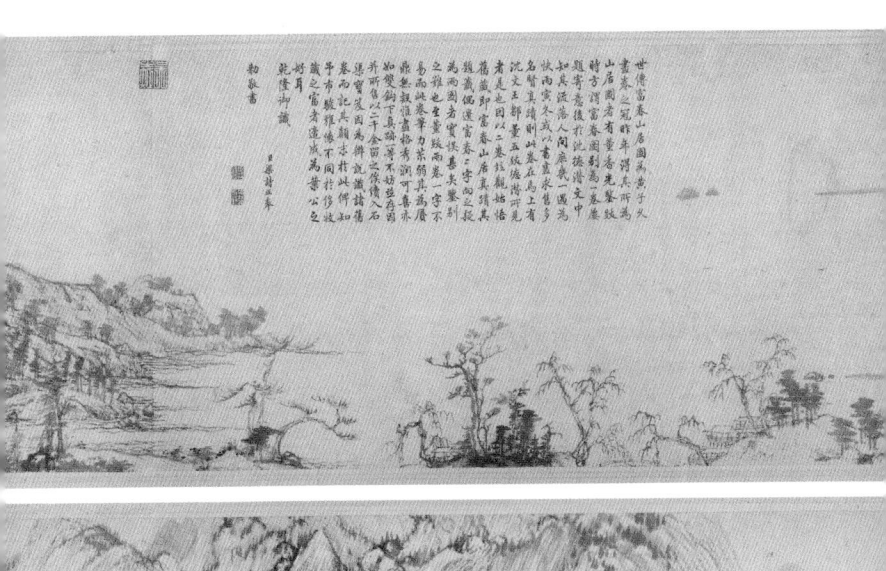

4-6 黄公望《富春山居图》
（元）

台北故宫博物院藏

理解，却隐约有这方面的意思。

柳宗元对此有些吃惊。因为破除天人感应思想，在中唐已经有所共识。韩愈在自己许多作品中，实际上也流露出对其怀疑和不满。柳宗元当然明白，韩愈如此这般说法，本意是借元气的观念来批判社会人事。但是，拿一个已经饱受质疑的哲学观念去批判朽败不堪的现实，学理上恐怕也站不住脚。严肃认真的柳宗元于是以扬雄、王充元气论思想为本，写了篇《天说》，作为答复。文章一开篇，柳宗元就表示：韩公您老这么说，恐怕只是出于一时激愤而已吧？

柳宗元认为，与韩愈来信强调的"天人感应"相比，荀子在先秦时就已提出的"明于天人之分"，才符合自然与社会互不相干的实情。因此，虽然敬修人事十分必要，天下太平也值得向往，但它们都不源自"天意"。柳宗元的这些想法，被概括为"天人不相预"。

柳宗元正经规矩的答复，当然再次确认了天人感应思想在中古世界的破产。但他的"天人不相预"思想在隔离自然与社会人事的同时，也遗留下一个问题：自然和社会如果不相干，那么社会人事的领域是不是就没有自己的良善标准，随便怎样都行？难道对朽败社会人事的批判，连个观念基础都找不到吗？

两人共同的好友刘禹锡洞察到柳宗元的漏洞，于是也加入讨论，为此撰写了一组论文，合为《天论》。文章确认自然与社会互不隶属、独立分割的观点，同时也补充说，自然有自然的伟大，社会也有社会的卓越。"天"繁衍万物，降下风霜雨雪，创设山川湖泊，给一些生灵以力气，给另一些生灵以智慧，这是"天之胜"。但"人"在社会人事的领域内，通过效法贤圣，依凭正道，缔造盛世良政，使世间的生活礼仪昭彰、秩序井然，这却是"人之胜"。刘禹锡最后总结说，这就是"天人交相胜"。社会人事的领域，也有自己的良善秩序标准。

一位与刘禹锡交往密切的禅师，注意到这场吸引了三位当世文豪的争论。他觉得这场争论的思想质量不高，缺乏世界观依据，于是决定出手。禅师叫圭峰宗密，是惠能禅所传荷泽宗一系的高僧，也是佛教中国化八大派系之一、唐代华严宗的最后一代传人。宗密的关注点在元气论本身。

表面上看，元气论的优势，在于能够将世界解释为一个实在体，从而与佛教所主张的"空"的观念相抵牾。因此，在解释宇宙和万物的创生形化时，十分契合日常生活中形成的朴素经验。毕竟，生活加之我们身上的感觉，不是世界的空无，而是某种实在感。扬雄、王充以元气论来反对谶纬迷信，韩愈、柳宗元、刘禹锡以元气论排佛，根源其实都在于此。但宗密却问，如果世界是元气所化，那么，在这样一个彻头彻尾的物质性宇宙中，人的归宿在哪里？人的本质是什么？人作为元气化生的万物一员，与草木虫鱼、飞禽走兽有什么根本的区别？善恶秉性、福祸吉凶，又为什么不公平地落在不同个体的头上？

宗密的质疑抓住了中国本土宇宙论哲学的关键不足，也抓住了朴素唯物主义思想的关键不足。实在而朴素的元气论模型，无法解释人性和人心的独特。于是宗密决定从佛教的立场吸收元气论的优势，同时又凭靠佛教在心性论方面的成就来超越元气论。密宗以不可思议的哲学想象力，为此辩护说，佛教所说的"本觉真心"才是世界与人的真正本源。这颗心，就是"如来藏"，就是真如佛性。它本来是常住不变、清净自在、空寂灵

> 心境与意识合成在一起，就成了人本身；与意识分离开，就成了山河大地。就真心得到显明和觉悟来说，世界、人和元气，都不过是一种幻境

知的，但是却在人心中，被意识的妄想颠倒所覆盖遮蔽，生出百般心境现象来。这些心境，与意识合成在一起，就成了人本身；与意识分离开，就成了山河大地。所谓的元气，不过同样是意识所幻化出的一种心境。[20] 就真心得到显明和觉悟来说，世界、人和元气，都不过是一种幻境；但就人心受到遮蔽和颠倒来说，世界、人和元气，也表现得好像是一种实在。因此，人在世界中体验到的那种实在感，是假象中的真相、幻境中的实在。

数个世纪后，这一充满禅意、思辨水平极高的思想，在宋末僧人牧谿笔下获得艺术表现。《远浦归帆图》（图4-7）是牧谿流传下来为数不多的作品之一。烟雨浩渺中，无形无相的气息吹动着岸边的森林和人家。顺风而来的，是远处烟雨中鼓起风

4-7 牧谿《远浦归帆图》(南宋)

日本京都博物馆藏

帆的两艘船。船上坐着的，也许是急于归家的人，也许是躲避风雨的异乡客。下一刻，风也许就要停了，山川大地即将改变色泽，狼狈的人也会喜笑颜开；又或者风雨更加大作，故事里的人要在命运的波浪中受更大的颠簸。不管观者的好奇心有多大，画家却试图告诉我们，此刻和下一刻的一切都不重要，因为世间本就没有来处，也没有去处，不如就在此刻，守住清静自在的真心。

宗密是一位有着汇通儒释道雄心的大学问家，就思想和学问深度来说，可谓"达摩以后第一人"。[21] 如果说元气观念宣告了天人感应思想的瓦解，那么宗密对元气观念的批判，也意味着在佛教思想的冲击下，天人关系问题迫切需要找到新的解释模式。两个世纪后，北宋的哲学家将会充分肯定此世和当下的实在性，同时从儒家立场出发，吸收佛教思想中的心性学说，构建出一种对天人关系的新理解，并以此为基础提出一种新儒学。[22]但在那些精妙系统的语言文字登上历史舞台之前，艺术家首先用画笔开始了充满哲理的探索。

在大唐帝国最混乱的时日里，一位叫作荆浩的山水画家，隐居在太行山深处。他的作品真迹罕见于世。[23]荆浩开创了唐末五代大尺幅"全景山水"的画风。在流传下来的画论作品《笔法记》中，荆浩特意强调，全景山水中的每一个细节，都要遵守"真"这个最终极的艺术标准。但"真"不同于"似"，山水画的要义不在于记录和重现自然的每一个细节，而要在对细节的表现和安排中超越自然，从而将人性对自然的理解充分表达进画作中。这些尺幅浩大的全景山水画，悬挂起来犹如山河大地的"纪念碑"。正如评论家所说，它们是画家眼中宏观宇宙的一个观念性景象。[24]

荆浩去世几十年后，性情豁达的画家范宽，在学习模仿荆浩和其他几位最有成就的山水画家作品时，突然冒出了一个想法。他觉得，就学习山水画来说，与其学习前人，不如直接模仿自然本身；与其模仿自然本身，不如听从内心的指引，直接表达心灵对自然的体察和感受。[25]遵从自己的想法，画家创作了一幅不朽作品：《溪山行旅图》(图4-8)。

4-8 **范宽《溪山行旅图》**
（北宋）

台北故宫博物院藏

在这幅作品中，人迹如此微不足道，自然对人事如此漠不关心；人在自然面前，却情不自禁地心生畏惧。修行的人，竭尽所能也达不到彼岸未知的高山峻岭，这就是"天"与"人"之间的距离

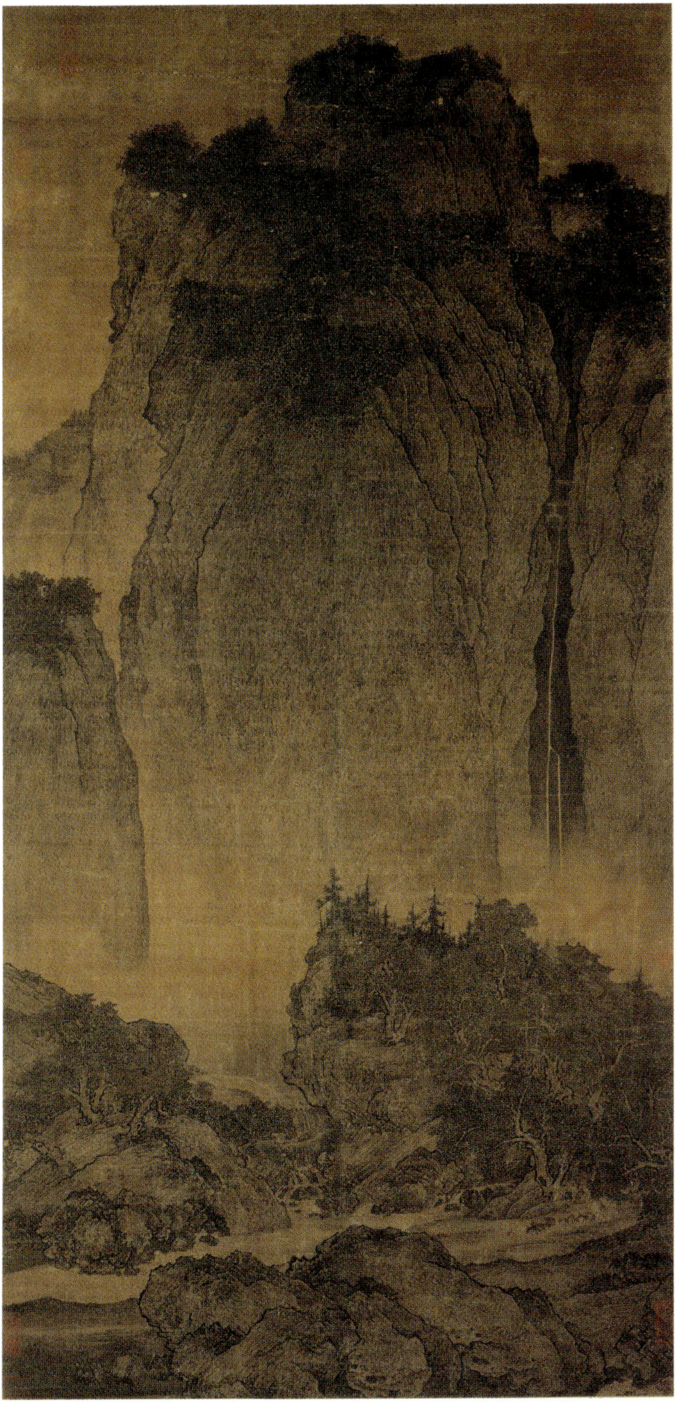

画面沿中轴布局。轴线犹如天极，将万物牢牢锚定在各自位置上。画面上三分之二部分，是一座耸入云霄的巍峨高山，构成远景。山中峡壁夹出一缕瀑布，如九天银河倾泻，坠入到画面中段后，立即消失于无可知之所。

近景在画面下三分之一部分描绘，表现人间。下端画面地势较为平坦，仿佛早已被往来的人踏出了路。路的尽头走出两位赶路的商人，一前一后驱赶驮着此行货物的四头驴。上端则遍布山石溪流、丛林灌木。左侧山路的尽头，走出一位背负行囊的僧人，即将跨入泉水与山石上简陋的桥，进入崎岖茂密的丛林。如果他能克服各种艰辛困苦，右边茂林深处隐藏着的禅院，或许就是此行的终点。

画面近景和远景设计得十分精巧。近景的诸多场景间，虽也有喧闹与静谧的区别，但却彼此联通。人迹就在此间活动。但近景与远景之间，画家却做了留白，宛如一片神秘的虚空。这片虚空似乎也是一种宣告，标志着巍峨高山与喧闹人间不可跨越的界限。

尽管我们做了努力，但正如苏立文所说，任何小的复制品或文学语言，都难以表达和评价这幅令人望而生畏的作品。[26] 只有当观者幸运地站在这幅高2.06米、宽1.03米的作品面前时，才能真正明白自己究竟看到了什么。在这幅画中，人迹如此微不足道，自然对人事如此漠不关心，但依然难以阻挡人在自然面前情不自禁地心生畏惧。虽然俗世商旅也许永远不会思考宇宙意义这样的问题，但对于修行的人来说，他竭尽全力所能最终抵达的，却也只能是远离喧嚣的一座人间禅院，而非彼岸未知的高山峻岭。这就是画家眼中"天"与"人"真正的距离。

这个没有感情的自然召唤着人的情感回应，这个没有意义的宇宙呼吁人赋予它以意义。也许出世的宗教醉心于探索巍峨高山中发生的一切，但对于儒家文明来说，那里是否住着超越性的神，又或者是否允诺了更好的幸福生活，其实一点儿都不重要。"未知生，焉知死？""天行健，君子以自强不息；地势坤，君子以厚德载物。"尘世的空间已足够值得人在此生中去不懈努力。"人"在"天"面前更为理性的态度，是获得超越渺小自身的眼光，去打量万物本然的规律。这，就是即将到来的时代中"人"对天人关系看法的新基调。

最终，一位叫作周敦颐的湖南道县人，决心以语言文字为工具，将艺术家难以精确表达的思想，一一表达出来。

周敦颐从《周易》的太极阴阳宇宙论创世模型中找到灵感。在《太极图书》中，他说，正是太极的动静变化，依次催生出阴阳、五行、万物。汉唐以来，《周易》所说的太极，一直被当作元气未分的状态。周敦颐的模型，显然是元气观念的进一步延伸和发展。在他看来，万事万物从根本上来说，都是元气所化。[27]

在阐述完这个以元气为基调的宇宙创生图式后，周敦颐话锋一转，提出了他对"人是什么"的看法。他说，人是元气所化的万物中最为灵秀的一类，有精神、会感动、知善恶。人之中，又以圣人最为灵秀，只有他们看得出来宇宙万物化生的大道理。圣人从这些道理中，觉察出人所应当遵循的根本生活方式，从而为人定下生存和生活的道理。这就是所谓的"立人极"。[28]

"人极"或者说人事方面的道理，绝不是人随意按照自己的愿望为自己立法。相反，"人极"的根据始终在"太极"。但

"太极"也不会主动干预人事的运作。[29] 对于人事，它确实漠然无谓。因此，"立人极"的主动性，全在人这边；要不要使人的生活方式合乎天道，全看人的选择。尘世的戏剧按照尘世中人自己的剧本上演，"天"对此无话可说。但尘世的戏剧若要演得庄重典雅、富有秩序，剧中的人若要得体从容、看着更像万物中最为灵秀的生灵，那么"天"也毫不吝啬地向人展示着可资模仿的道理。"天"所垂范的这个道理，就是天道。

把世界经验为一种实在，而不是虚空幻觉，这是中国本土思想与外来佛教最根本的区别。无论儒家还是道家，又或者由道家宗教化而产生的道教，都以世界的实际存在为构思人事作为的前提。北宋以来，理解这个实在世界的内在运作机理，掌握贯穿于万物之中的自然奥秘，试图从这些道理中看到人事活动的最佳方案，这是儒道之间的共识。区别仅仅在于，从各自所观望出的也许差异本身不大的道理中，儒家坚信人事活动的最佳模型在于构筑一个蔚为大观的礼教文明，而道家和道教则相信摆脱人群杂居的尘世才是最正确的选择。

正因为坚信自然中孕育着可资模仿的道理，所以中国的界画和工笔花鸟画艺术在北宋时也得到突飞猛进的发展。界画，就是在界尺的帮助下，画作工整准确、近乎等比例缩小而毫厘不差的楼台景观。张择端的《清明上河图》，就是界画的巅峰之作。宋徽宗赵佶绘制并题诗的《芙蓉锦鸡图》（图4-9）则以

4-9 赵佶《芙蓉锦鸡图》
（北宋）

故宫博物院藏

宋徽宗觉得自己就如这只锦鸡，已经具备了圣王所应该具备的一切美德，就算金兵如秃鹫般彪悍，也绝不会扰乱宋帝国秩序

矫勃拒霜盛
我爱锦羽鸡
已知全五德
安逸胜鳬鷖

细致入微的工笔,真实再现了一只芙蓉团簇中凝视世间百态的锦鸡。宋徽宗觉得,他就如自己所画出的这只锦鸡,已经具备了圣王所应该具备的一切美德,就算金兵如秃鹫般彪悍,由于缺乏天道的支撑,也绝不会在扰乱宋帝国秩序方面得逞。[30]

周敦颐从"太极动静"到"立人极"的推理,还只是给出了儒学复兴的一个方向。佛道思想并没有因此遭到动摇。在周敦颐简练得有些粗糙的学说中,许多重要的问题被遗留了下来。其中最重要的一个问题是,弥漫于宇宙中的"虚空",到底是什么?

佛教认为,虚空是世界的真相,万物因此都是虚假的幻觉。道家和道教则认为,实在生于虚无,"无"才是世界的起源。为了确保学理独立性,在这场争辩中,儒家面临的唯一出路,是要跳出"有"和"无"的对立,重新理解虚空与实在的关系。否则,始终纠缠在"有-无"的逻辑中,要么就会坠入佛家的主张,要么就会掉进道家的陷阱。

但不从"有-无"上论虚空,又该怎么讨论这个问题呢?

公元1038年,宋仁宗景祐五年,西北割据政权首领李元昊称帝,宣布建立西夏国,此后频频入侵北宋。主持西北军务的,是一代名臣范仲淹。一位身处西北、二十岁出头的青年,忧心边患,于是写信给范仲淹,陈述用兵谋略。范仲淹接见了这位不凡的青年,谈吐中觉察到此人可成大器,就勉励他回去好好读书,不要着迷兵事。这位名为张载的少年,听从了范仲淹的教导。经过十几年的苦读,走了许多弯路后,他终于站在儒家立场上,对虚空的本质讲出了一番新道理。

在《正蒙》一书中,张载说,气是世界的本质所在,构成了世界实在性的基础;而虚空和气化,不过是实在世界的两种样态。所以虚空与实在,不是世界存在的两个阶段,而是世界显现的两种方式。气聚在一起,就显现出世界气化存在的样子;气弥散开来,这种气化样态就隐匿不见。宇宙万物的化生就是一个气从聚到散,又从散到聚的过程。在这个过程中,人是唯一能够感受到气化聚散的生灵,所以人就能将这个过程理解为"天"所遵从的"道",从而模仿"天道"来谋划属于人的生存方式。

在张载构造的宇宙生成图式中,气化世界的变动,始终处于一个过程之中。因此,对于张载而言,佛家说本质限溺于幻觉之中,道家说万物生于一个起点,都不对。太虚和元气的关系,就像冰和水的关系,永远都在互相转化,永远不能说谁是因、谁是果,谁是始、谁又是终。[31]

张载抓住了《周易》古老智慧的精髓,但他这番充满动感的宇宙生成论观点,还是遭到了自己两位表侄的反对。他们就是史称"二程"的程颢、程颐兄弟。这两位中国思想史上赫赫有名的大人物觉得,尽管表叔"太虚即气"的观点很聪明,但稍不留神还是会掉进佛家的思想逻辑中去。

张载对气在宇宙中流动的设想,依托的是一个类似于"溜溜球"的理论结构。气聚在一起,万物的形体就滋生出来;分散开来,万物的形体就湮没消失。气从太虚出发,经由万物,伴随生化,最终又回到太虚之中。星辰大海如此,瓜果蔬菜如此,飞禽走兽如此,贵为万物灵秀的人也如此。

张载的本意,是想通过这个循环往复"溜溜球"式的气化运动,来说明执着于生死、渴慕形体不朽的道教不可信,同时也破除佛教以寂灭为归宿的涅槃观念。但二程觉得，这种循环观念，把气的运动说得像手臂屈伸，把宇宙说得像是元气恒定。实情一定不是这样，不然请问，鼻子里吸进的一口气，难道是前面呼出去的那一口吗？[32]更要命的是，如果张载是对的，那在这样的宇宙中，依靠总量恒定的元气，如何创造出新的可能、新的事业、新的命运？[33]

替代张载的解释还在到来的路上，二程的探索还在继续。艺术则又一次走在了哲学的前面。驰名当世的艺术大师郭熙，也创作了一幅富含深意的作品。公元1072年初，郭熙画了一幅《早春图》(图4-10)。

这幅画由两块绢拼贴在一起，是一幅立轴作品。尺幅比起范宽的《溪山行旅图》要小近四分之一。同样是表现山水，画面的布局却远不像后者那样庄严、稳重，而大胆运用明暗对比，吸引着观者目光尽情游移。

目光一旦进入画面，观者立即会发现，画家早已为品鉴预留下多条悠游观赏的可能路线。这既是中国山水画特有的"散点透视"艺术效果，也正好应和了郭熙本人在杰著《林泉高致》中为最精彩的山水画所设定的艺术标准：可行、可望、可游、可居。[34]

范宽为了表现北方山川的刚硬壮美，发明了一种专门用来刻画石质纹理的"皴法"："雨点皴"。但郭熙的画中，山石显得更加圆润。这是画家所发明的"卷云皴"取得的效果。石

4-10 **郭熙《早春图》**
（北宋）

台北故宫博物院藏

郭熙对《周易》有着深刻的理解，《早春图》表达了其中的精神，那就是"生生"，它是新事物的滋生和繁衍。

樹梢齊蔥蘢
間遠樓閣仙
居家上層不
欲栖間鶴
傳美山早見
氣如蒸
乙卯春月
尚起

间树木即将发出新芽，新生的枝叶正在潮湿绵软的空气中，努力挣扎，挺拔发散。远景的高山与近景的树石之间，隔离着巨大、狭长而连贯的云气。山石云气的组合，将许多个S形构图带入画面，赋予整个作品无法忽视的动感。画家以画笔所表现的春天，蕴含着盎然的生机。如果非要将这幅作品中的精神表达成文字，那么《周易·系辞》中的两个字无疑是最好的概括：生生。[35]

尽管没有证据表明郭熙创作《早春图》是受到二程思想的影响，但郭熙和二程显然都对《周易》有深刻的理解。[36]

《周易》中所提到的"生生"，是一种没有目的的创造。它不是旧事物的复刻或重来，而是新事物的滋生和繁衍。每一片树叶都不会辜负春天，但留在上一个冬天的那片却也永远不会再来。在元气大化造成的宇宙中，没有任何主观的力量能够阻挡这个伟大的进程。[37]

正是这个生生的道理，使二程觉得张载在坚持儒家立场上还不彻底。"生生"是万物生成变化的根本线索，也一定发生在一个合理又和谐的宇宙秩序之中。这个整全、庄严、没有目的，却自强不息的宇宙秩序，二程称之为"天理"。"天理"就贯穿在生生之中，推动着气化的宇宙永不停息地生成、运动。

许多年后，谦虚从容的程颢，在面对弟子时，悠游自我评价说：我们二程的学问虽然受教于前辈，但"天理"这两个字，是我们自己体会出来的。[38] 这场起始于晚唐的新儒学探索，从此正式获得定型。这就是"理学"。

圣贤

一群在洛阳求学已有时日的年轻人，就要回故乡福建了。此前，他们都是为了向二程学习理学，特意从福建远道而来的。老师程颢和程颐这次决定亲赴驿口送别。看着学生们渐行渐远的背影，哥哥程颢眼中既十分不舍，也充满期待。他的目光一直停留在二十八岁的英俊青年杨时身上，口中喃喃："吾道南矣！"后来没几年光景，程颢就离开了这个生生不已的世界。但他的期待并没有落空。正是沿着杨时传下的衣钵，一百多年后，二程的理学将迎来它最杰出的继承者，福建人朱熹。

向老师学习，继承学问的衣钵，如果放在中晚唐时期，绝非一件寻常事。起源于隋的科举制，发展到中晚唐，已经近乎摆设。下层读书人因为走不通科举路而失去学习的兴趣，上层门阀大族因为无须走这条路而瞧不起读书教书的人。社会上普遍流传着一股耻于拜师、耻于学习的风气。韩愈曾为此专门写过一篇《师说》，想振臂一呼，鼓励人们崇尚学习。但响应者寥寥。一直到北宋初年，在三位儒学大师胡瑗、孙复、石介的共同努力下，通过大力兴办私学，才初步确立起师道的尊严。[39]

韩愈和"宋初三先生"心目中的"学"，与汉唐经师所理解的"学"，差距很大。汉唐之际，儒家学问的通行方式，是训诂和辞章。在经师们的眼中，先秦流传下来的经书，是圣人垂范后世的圣典，普通人不可随意解读。因此，治学的首要任务，就是顺延前人的积累，通过死记硬背，精确掌握经典中字词的意义。知识在经师之间的代际传承，如千钧雷霆之阵。后学的人不可轻易逾越半步。

韩愈和宋代学者对这种学习方式深恶痛绝。他们觉得，经师的学习方式抓不住最根本、最重要的东西，即隐藏在经典中的"道"。他们认为，学者的"学"务必以"求道"为第一要务，而老师也应该把"传道"摆在"授业解惑"的前面。韩愈他们这里所说的"道"，就是儒家内圣外王之道。

以求道为目的的学习，意味着文字和词句最大的价值，是作为道的承载工具，是学者获得沟通儒家先圣的信息桥梁。不能承载道的文字，无论多么华丽优美，都近乎无聊的游戏。所以，南唐后主李煜那样软绵绵的词，或者秦观那些沉溺于各种小确幸的文句，完全颠倒了文字的本来价值。

随着"学"的观念的变化，对儒家圣人的理解也在悄然发生变化。在汉唐经学和魏晋玄学时代，圣人一度被想象成宛如从天而降的异禀神人。但北宋以后的读书人却前所未有地相信，一个普通人完全可以通过学习，最终成为圣人。圣人变成了生活世界中的贤者，变成了"圣贤"。通向道、成为圣贤的路，现在就铺在每个读书人的脚下。尽管路途艰辛，但也并非完全不可企及。

圣贤既然是"学"成的，那么儒家之道的薪火相传，也就被看作一个前赴后继的学习过程。求道者之间的代际传承，形成了一个完整的圣贤谱系。韩愈将这个谱系称为"道统"。

南宋第五任皇帝赵昀，对理学情有独钟，投入了巨大热情，以至于去世后被大臣们史无前例地授予"理"字作为庙号。公元1230年，宋理宗亲临太学，写作了一篇《道统十三赞》，歌颂自伏羲起将儒家思想代代传承下去的十三位古代圣贤。皇帝制赞后不久，画家马麟就根据圣意，创作了十三幅比真人尺寸还要大的人物画像，以艺术形式传递皇帝对儒家往圣的敬意。

在今天仅存的五幅中，幸运地包括了《十三赞》起首的《伏羲坐像》(图4-11)。在中华上古传说中，伏羲是给蛮荒大地带来文明曙光的创世神人。他的形象通常是人首蛇身。但这幅画却将伏羲描绘得"广额、修眉、凤眼、隆准"，这是时人理想中的帝王之相。[40]

如果将这幅《伏羲坐像》与流传下来的宋理宗御像(图4-12)对比，就会发现二者的面容与气度惊人相似。至尊的皇帝必须是道统始祖的化身，而绝不仅仅只是传承史上普通的另一人。画家马麟的这番心思，跨越千年时空都能清晰感受到。

宋理宗和他的画师马麟笔下的道统，从伏羲算起，历经尧、舜、禹、汤，文王、武王、周公，孔、颜、曾子，最后落到子思和孟子两位，于战国末期结束。这与韩愈以后儒家一般从尧舜算起的排序方式略有不同，大约化自朱熹在《〈大学章句〉序》中对道统起源的一个表述。[41]

在这个谱系中，与起源相比，落脚其实更重要。孟子生活于公元前4世纪，比孔子晚出生了将近180年。在这段时间，孔子的思想已经传到了孙子子思的手中。孟子正是从子思门人那里，接过了儒家的学问和使命。

子思最重要的著作，就是范仲淹当初在西北军营中送给青年张载的那部《中庸》。《中庸》是儒家经典中特别侧重人格修炼、境界养成的一部书。子思的趣味，从根本上塑造了孟子思想，也赋予《孟子》这部著作强烈的心性学说色彩。但意外的是，从秦汉帝国一直到隋唐帝国，《中庸》和《孟子》都没有受到儒者的特别重视，在儒家经典中的地位甚至每况愈下。直

4-11 马麟《伏羲坐像》（南宋）

台北故宫博物院藏

4-12 **宋理宗御像**
　　　（南宋）

台北故宫博物院藏

《伏羲坐像》与宋理宗御像惊人相似。至尊的皇帝必须是"道统"始祖的化身，而绝不仅仅只是传承史上普通的另一人

至唐代中期，孟子所获评价也不高，不仅没有进入圣人之列，而且也没有机会在孔庙陪祀。这个时期的孟子，正如著名的唐代经学家孔颖达所评价的，只是被视为一位离真正的圣人距离不算太远的古代贤人。[42] 贤人，归根到底还是普通人。[43]

这其中的一个重要原因是，汉唐之间精英阶层始终将心性修养、人格缔造方面的问题当作私人事务。对于汉唐经学来说，上古儒家的典章和礼制才是学术关切的中心，也是公共空间中文化精英应当谈论的事情。内心世界归根到底属于私人生活领域，与帝国兴衰、礼乐兴邦关系不太直接。所以，从秦汉一直到唐代中期，《孟子》对于儒学之士的价值，最多不过就是从中发现有关礼制、税收、土地制度的历史记录，在治国之道方面，为《春秋》这样更为重要的儒家经典做一些补充。[44]

中晚唐以后，儒家文化精英开始认识到，将内心世界等同于私人生活领域，将人格修养与境界提升看作儒家无须涉足的领域，结果必然是佛老思想的长驱直入。所以汉唐经学所体现的儒家文明，在无上崇拜儒家圣典的同时，恰恰忘记了儒学最核心的精神。

儒家文明与生活方式自孟子后意外中断，"圣人之学不传久已"。这实在是一件令韩愈和北宋学者深感痛心的事。历经五代十国的大混乱后，北宋初年的儒者们惊讶地发现，如果以儒家文明的纯度为标尺打量，那么，远去的秦汉隋唐帝国其实有着深刻的内在缺陷。尽管在领土和军事实力上，宋都无法与之前的几个帝国媲美，但这个中国历史上领土面积最小、军事实力最弱的王朝，此刻决心要真正成为纯正儒家文化的捍卫者。它梦想超越盛唐，将中国文明推向全新的高度。

当梦想照进现实，摆在儒家精英面前的问题却十分棘手。以失传的儒家方式来满足中国人的精神生活需要，成为他们心灵世界的依靠和凭信，并不是一件容易的事。

困难首先来自佛道思想。在过去的7个多世纪中，佛道思想在人生至高境界和心灵终极安顿问题上给出的解题思路，早已深入人心。

化解这个困难的关键，就是要从儒家经典中找到属于儒者的独特心灵状态。因此，"孔颜乐处"和"曾点气象"这两种明确记录于《论语》之中的儒者心灵样态，在北宋以后，得到了前所未有的重视。

公元1072年，被朱熹列为北宋理学第一人的周敦颐，在庐山莲花洞创办了一所书院。他还写下《爱莲说》，通过描述莲花的自然特征，歌颂自己所向往的圣贤人格。这篇散文如今早已是中国人耳熟能详的名篇，其中"出淤泥而不染，濯清涟而不妖"的名句，任何一个受过高中教育的人，大概没有不会背诵的。南宋时，宫廷画师曾将《爱莲说》的文字意象表达为花鸟画作品《芙蓉出水图》（图4-13）。画中的莲花静谧安详，正如周敦颐所言，"中通外直，不蔓不枝，香远益清，亭亭净植，可远观而不可亵玩"。

热爱莲花的老师周敦颐，经常让学生程颢、程颐兄弟去思考一个问题："孔颜之乐，所乐何事？"

"孔颜之乐"源于《论语》的两则记录。据《论语·述而》篇记载，孔子曾经感叹说，吃粗饭、喝白水，用胳膊当枕头，就算在这种平淡到贫困的日子里，他也能感受到喜乐；而没有仁义的富贵，对他来说反而就像天上飘浮的白云一样，丝毫不

4-13《芙蓉出水图》
（南宋）

故宫博物院藏

很多人会觉得，崇尚莲花图样是佛教文化带来的艺术后果之一。其实并非如此，早在佛教传入中国之前，莲花在中国文化中就已经是"天"的象征。周敦颐对莲花的热爱，恰是对天道本身的赞美

值得留恋。[45]

又据《论语·雍也》记录，孔子曾在某个场合评价过自己的弟子颜回，说颜回是真正的贤人：一小盒饭，一小瓢水，居住在破旧衰败的吕巷之间，换作一般人早就受不了了，可他却仍然感受得到心灵的喜乐。[46]

从这两则记录来看，孔子肯定的是儒者居于困顿之中的喜

乐，如此来说，"孔颜之乐"当然就是不得志的儒者所能得到的理性心灵生活。儒家圣贤的高贵品格，正是在这心怀淑世之志与实际上的困穷苦厄之间凸显。然而，孔子和颜回的喜乐，到底乐于什么？也许记录圣人这两条言论的弟子，默认了读者的心有灵犀，所以干练简洁的《论语》对此并没有明说。

但这个貌似不言自明的事情，在佛老思想已成主流的北宋思想世界，恰恰变得含糊不清但至关重要。毕竟，在这个时代，困于清贫中仍得其"乐"的，并非只有儒者——困顿中的老庄隐士乐在独享清静无为，庆幸自己摆脱了尘世的牵绊；而滞留于繁华世界的佛教禅师，更是乐在体悟自我和法相世界的双重空无。如果"孔颜之乐"无法与佛老之乐区分，那么儒家心灵生活的秘钥就无踪可觅了。周敦颐让程颢、程颐兄弟去体会"孔颜之乐"，正是希望他们找到儒家心灵生活的正确方式。

其实心皈儒学的周敦颐自己对此早已有所体会，甚至可以说，这种体会就流露在他对莲花的热爱中。今天的人们或许误以为，崇尚莲花图样，是佛教文化镌刻在中国艺术史上的又一缕痕迹。其实并非如此。林巳奈夫的研究表明，早在佛教传入中国之前，莲花在中国文化中就已经成为"天"的象征。周敦颐对莲花的热爱，恰是对天道本身的赞美。

从天道的视角看，贫乏困顿只是人生在世的一种处境。一个儒者既然心怀天下，试图从天道的视角来体察世间，他就必然能够看到超越了一切处境的一件"大"事情。[47]这件天地间的"大"事情，就是体认到天道生生不息的流行，体认到人伦世界本身的实在不妄，体认到存在于万事万物之间的内在和谐秩序。对于一位像周敦颐这样的儒者来说，一个普通人的一生中，最值得期待、最重要的，就是按照内在于天道之中的和谐来塑造自身的品格，从而成为圣贤。只有这样，一旦命运将国事加以托付，他才能真正做到古代最后一个圣人孟子所说的"达则兼济天下"。

所以，"孔颜之乐"是心灵体认天道而生出的欣喜。就像《孟子》中指出的，这种充盈于一个人内在世界的喜乐，注定要通过身体展现出来，成为日常生活中流露的精神面貌。[48] 北宋儒者将这种精神面貌称为"圣贤气象"。在周敦颐的学生眼里，由于身处"孔颜之乐"的境界，"人品甚高，胸怀洒落，如光风霁月"，周身散发着极高的外在精神面貌之美的老师，恰恰是这种"圣贤气象"的最好体现。

"曾点气象"则是另一种圣贤气象。它源自《论语》中的另一则记录。

《论语·先进》中，记录了孔子与四位弟子的谈话。当时，孔子问了大家一个问题：假如世间没有君王理解你们、任用你们，那么，作为一位儒者，你们打算怎么办？三位学生首先发言。他们所说的不过都是些将会如何委曲求全、如何争取多少做点事儿的话。听大家说完后，正在弹琴的曾点松开琴弦，慨然说道：我跟他们想法不一样。如果君王不用我，那么我就在三月初春的时节，穿上刚刚制备的春装，约上五六个君子朋友，带上六七个役仆童子，去河边快乐地沐浴，在坡上尽情吹着春风，然后再一路唱着歌回家。孔子听完后，叹了口气说："吾与点也！"意思就是："我也会跟你一样。"[49]

性格洒脱的程颢对这段文字兴趣格外浓厚。他曾欣喜地将"曾点气象"称为"尧舜气象"。尧舜是儒家当然的先圣，所以程颢的意思很清楚,"曾点气象"就是圣贤气象。一百多年后,继承了二程衣钵的朱熹,一度也十分认同这个看法。但到了晚年,他却萌生了一丝警惕,反复提醒学生,千万不要将"曾点气象"所象征的儒者心灵状态,与老庄隐者的心灵状态相混淆。[50]

朱熹晚年的担心并非没有根据。其实早在二程时代,理学思想的有力竞争者"蜀学",也在追求一种貌似十分接近"曾点气象"但却驳杂儒释道思想的潇洒精神体验。蜀学是一群来自四川的朝中文士所组成的文化圈子。它的代表人物,就是名扬千古的文人苏轼。

公元1082年,因乌台诗案被贬湖北黄冈的苏轼,在寒食节那一天作了两首诗。孤独苍凉中的诗人此刻心灰意冷,哀叹自己如风雨摧花、孤舟零落的处境,但也流露出许多不甘。这首随感而发的诗,被诗人写在素笺上,流传至今。这就是著名的《寒食帖》(图4-14)。帖上笔意起伏跌宕,情绪恣意流淌。愤懑、压抑、不满、绝望,跃然纸上。

喜怒哀乐本是人之常情。儒家既不试图使这些情绪归于寂灭,也不打算鼓励人们任情纵性。它完全承认情绪存在的意义,但也认为内在世界应当以平和中正为理想状态。然而,这幅绝妙的行书帖,代表性地展露了蜀学和传统文人习气的特点,那就是任情纵性,不加克制。诗文豪饮、山泉雅集所培育出的这种文人气息,表面上仿佛"曾点气象"般洒脱放任,但却并不是儒者所谓的圣贤气象。

早在《中庸》中,子思就用了"中和"二字,来描刻儒者心灵世界中情绪所应处的那种理想状态。《中庸》认为,喜怒哀

《寒食帖》笔意起伏跌宕，情绪恣意流淌。愤懑、压抑、不满、绝望，跃然纸上，展露了蜀学和传统文人习气的特点，那就是任情纵性，不加克制

乐这些情绪，如果没有发作出来（"未发"），那么它们在内心世界里应当处于"中"的状态。一旦发作出来（"已发"），那么就既不能不足，也不能过度，必须与激发情绪的事态匹配得"刚刚好"。达到这种状态，就可以叫作"和"。[51]所以，大怒应对小失、小喜应对大得，都是不"和"的表现。只有那些经过修养，到达"中和"之境的人，才是中庸的君子，才是圣贤。

所以，苏轼在《寒食帖》中展露的情绪格调，就像到了潮州的韩愈，面对现实世界满目荒凉突然生发出的紧张与绝望一样。[52]一切曾经的文人式自信与从容，在这种莫名的恐惧和不安中，被衬托得简直像个笑话。从儒家的立场上看，这未免也太不适当了。

所以，必须坚持以儒家的方式去理解"孔颜乐处"和"曾点气象"，才能洞悉独具儒家特色的理想心灵状态。对于一个普通人来说，获得这样的心灵状态，就能拥有圣贤气象的外在

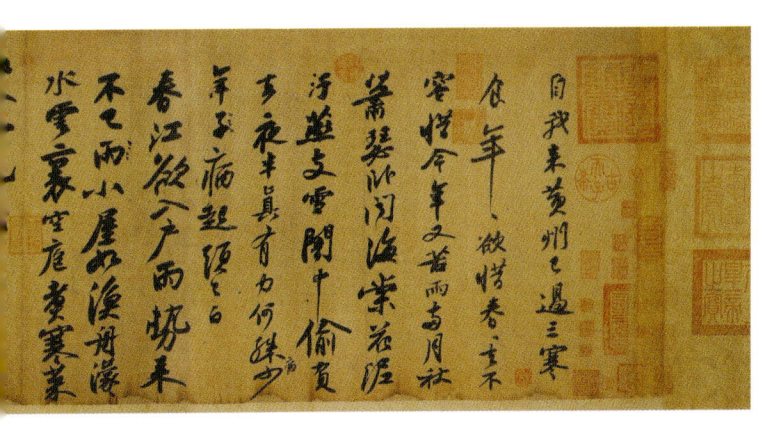

4-14 苏轼《寒食帖》
（北宋）

台北故宫博物院藏

举止。这实际上也标志着一个人自身人格达到了圣贤的高度。为此，他必须从转化自身的"气质"开始。

从二程的表叔张载开始，将人性在观念上分析为二重结构的思路在儒学论说中开始出现。张载将人性分成"天地之性"和"气质之性"两重结构，认为人的善恶聪愚是由"气"的清浊粗精不同所造成，因此，建议每一个向往圣贤境界的个体，根据自己的气质禀赋实际状况，通过不断改变固有气质来实现人格的提升。[53]

将人性分析为两重结构，当然不是儒家的专利。佛教才是这方面的理论先驱。但在儒学的思想框架内，这种分析还是第一次出现。它结构上似佛，内容上却已儒化，因此，一经提出，就被所有眼光敏锐的理学家先后捕捉到。此后，不管理学家们分歧有多大，在将人性区分为纯粹应和天道和浸染俗世气质问题上，他们没有太大分歧。

在这些理学家的眼中，人性之所以浸染俗世"气质"，根本原因就在于人心中有许多偏私的意念。一个人如果总想着自己的那点点小满足、小享受、小得意、小成就，他当然就会忽视更大的东西，不会想到他人也和自己一样有所需有所求，更不会想到生灵万物都和自己一样有所需有所求。只有时时刻刻都能站到天道的立场上去想问题、办事情，才能真正看清一己所欲、所求、所得、所失，在宇宙万物中的地位和价值。从这个意义上说，天道的立场其实就是"公心"的立场。只有去除人性中"私心"的遮蔽，"公心"才能在一个人内心中占据应有的位置，使其成为儒家意义上的圣贤。

转变"气质"的过程，就是通过学习来成为圣贤的过程。在"往圣"的背影已经遥不可及的宋代，学习的最终依据，只能存在于儒家经典及其最好的当代诠释者那里。这也是像杨时这样心怀大志的年轻人，不顾山川水路的遥远崎岖，从福建来到洛阳求学的原因。

就像程颢所发现的那样，杨时是一位天赋极高的学者。在二程那里学习时，他很快就注意到《中庸》心性学说的重要性，意识到这是儒家超越佛老思想的要害所在。所以，他特别重视《中庸》中提到的"已发""未发"学说。

杨时将默守"未发"时的"中"，看作情绪"已发"后心灵仍然能够处于"和"的状态的前提。因此，他提出的学习方法，就是像《孟子》所教导的那样，"反身求诸己"，向自己的人格内部用功。像个情绪警察一样，时时密切注视自己内在世界"未发"时的思虑状态，使其始终处于"中"的状态。因此，"静默涵养"就成了关键修养方法。

杨时七十多岁时，北宋也迎来了自己的末日。垂死挣扎之际，奸相蔡京为了堵天下悠悠之口，启用老迈不堪的杨时。杨时抓住这一历史机遇，以政治推动学术，奋力一搏，极大鼓舞了当时四散各方的理学之人，为二程理学在南宋的大发展奠定了有利的基础。[54]

公元1153年，宋室南渡后的第28年，杨时去世后的第19年，二十四岁的朱熹求学于杨时再传弟子李侗门下。老师非常期待天资过人的朱熹继承已经传了三代人的"静默涵养"方法，但朱熹对此始终生不出多大兴趣。[55]对于更早时曾恣意出入佛道思想的朱熹来说，杨时传下来的修养方法，实在太像佛道修行方式了，稍有不慎就会偏离成为儒家圣贤的道路。朱熹认为，为了区别佛道思想，也为了区别文人习气，儒者必须在"践履"上下功夫。[56]为此，不妨按照《大学》，从"格物"开始。

《大学》本是《礼记》中一个短小篇章，但受到朱熹持续一生的重视，被他视为儒者修学的第一阶梯。格物、致知、诚意、正心、修身、齐家、治国、平天下，是《大学》提出的八种人格修养方法，也叫"八目"。格物居于"八目"起首。

杨时当然也讲"格物"，但由于他将学习的着眼点放在了"已发""未发"问题上，所以他所说的"格物"，也主要是指对言行举止、情绪思虑的调整控制。这是一种比较"内向"的格物观念。[57]与杨时不同，朱熹将"格"字解释为"研究"，将"物"理解为包括经书、礼仪、典章、文物在内的万事万物，从而赋予了"格物"一层博学的色彩。

"博学"的精神，为宋代文化精英阶层所共享。宋代，大概是中国文化精英整体上最热爱学习的朝代。以"复兴三代"为己任的宋代士大夫，从开国起，就异乎寻常地提倡"困穷苦学"。范仲淹、王安石、周敦颐、二程、杨时、朱熹，无一不是靠苦学获得当时成就和后世声名。这种对学习的热爱，也催生出了一种特殊的文化聚会活动：博古。在这种活动中，一群有着极高文化修养的士大夫，在某个闲暇时刻聚在一起，品评上古流传的器物古董，映照儒家经典中的记载，试图从中发现"三代之治"的秘密。

明代画家仇英天赋异禀。他出身贫寒，原本只是个漆工，后来在苏州被文徵明发现，大获赞赏，又得到大画家周臣的亲传，最终成为"吴门画派"的代表之一。他绘制的《人物故事图册》，以绘画的形式讲述了历史上王侯将相、文人墨客的十个经典故事。其中《竹院品古图》（图4-15），描绘的就是宋代士大夫在私家庭院中"博古"的场景。

像"博古"这样的格物，为什么能够带来儒者成为圣贤的机会？理学家邵雍的"观物"思想，或许对解答这个问题有所裨益。邵雍将观看包括艺术品在内的万物，统统当作意识净化的机会。邵雍认为，普通人带着自己的情感和情绪来看物，所以，物只是他投射自己情感和情绪的帷幕。这叫"以我观物"。如果一个人用这种态度来面对物，那他永远也"格"不出个名堂来。对待物的正确态度是"以物观物"，就是一个人要秉持着没有偏见的心，如其所是地观察物的本来样子。[58]在这样的姿态下观物，那么，他不仅能看到物的本来样子，而且更重要的是，能够慢慢学会从一个没有过多"自己"的视角，看到世

对待物的正确态度是"以物观物"，就是要秉持着没有偏见的心，如其所是地观察物的本来样子。在这个意义上，一个理学家的"博古"，也是一场灵魂净化的练习

4-15 仇英《竹院品古图》（明）

故宫博物院藏

界和万物的本来面貌,感知天地大化的内在道理。在这个意义上,一个理学家的"博古",是一场灵魂净化的练习。

朱熹同样认为,格物有助于一个普通人成为儒家意义上的圣贤。这是因为,天道并不是孤零零悬浮在宇宙之中的某种东西,而是以事和物的形式呈现的道理。这就是所谓的"道不离器"。因此,认识到这个道理的儒者,就会在对事和物的研究中,产生出对天道本身的敬畏。天道正是以这种"敬"的态度为通道,润入儒者的人格和情感世界,完成对品格的塑造,将他从一个普通人转变成一位淑世圣贤。

在朱熹的一生中,尽管几乎对宇宙中的一切都充满兴趣,但他最终还是坚持认为,在所有形式的格物中,研读儒家经典最为重要。读书,也是立志成为圣贤的朱熹持续一生的休养方式。[59]

公元1143年,十四岁的朱熹秉承父亲遗命,到福建崇安定居,拜此地的三位儒学大家为师,研读《孟子》《中庸》《大学》和《论语》四部书。此后,他一直在对这四部书做注解,以"注经"的方式,来表达自己的创见。47年后,朱熹终于将他的《四书章句集注》出版。这部规模不大的书,蕴含了朱熹哲学思想的精髓。

在这部书中,朱熹对"格物致知"四个字的含义给出了解释。他说,人应当不断接触外部事物,对每一事每一物都要竭力探索其中蕴含的道理。如此经年累月,有一天就能融会贯通,从而明白天理。所以,格物的归宿,是"穷理"。

也许传说中的圣贤能够穷尽天理,也许天赋异禀的儒学精英能够在孜孜不倦中逼近天理的全貌。可是,对于正在通往圣贤之路上挣扎的普通人来说，在他有限的短暂一生中，这有可能吗？ 300多年后，一位叫作王守仁的年轻人，将对此发出质疑。

信　心

公元1279年3月19日傍晚，广东新会附近的崖山海面上，早前被俘的南宋大臣文天祥，坐在一艘蒙古军船上，沉痛看着眼前发生的一切。惨烈的战斗已经结束，响彻天际的鼓号炮火声渐渐停息。雨雾笼罩下的崖山，此刻咫尺难辨，宛如坟茔。十几万无名的南宋军兵，正沉入冰冷的海底。面对眼前的形势，为了避免投降后受辱，士大夫陆秀夫无可奈何地对皇帝赵昺说，"国事至此，陛下当为国死"。随后背负年仅七岁的幼帝跳海。

国祚320年的宋帝国，就这样度过了它的最后一天。

三年前，北方蒙古军队进入南宋都城临安，接受了南宋皇帝献上的降表。但文天祥等人决心抵抗到底。他们带着恭宗的两个兄弟进入福州，试图在那里延续心目中的"宋"。直到三年后的这一天，一切希望终于化作泡影。他们所付出的努力，从军事的角度说，徒劳而毫无意义，但却是三个多世纪中涵养出的宋代士大夫文化最耀眼的余晖。

胜利者成为中华世界新的统治者。尽管曾在整个欧亚大陆建立军事霸权，但他们并不以异族自居。胜利者宣称自己遵从了天命，是"中国"的新继承者，决心建立一个沿袭中华古制、赓续三皇五帝秦汉隋唐的新帝国，甚至还从儒学经典《周易》的"乾元"二字中拈出了国号：大元。

一匹曾经的骏马，如今已经饿得瘦骨嶙峋。但它却并不慌张，不忘自己是难得的千里马，固执地在夕阳映照的河滩散步

4-16 龚开《骏骨图》（元）

日本大阪市立美术馆藏

前朝士大夫的生活则翻开了新篇章。尽管来自北方的陌生人急于标榜自己是天命正统，但幸免于难的南方文化精英对此并不买账。他们记忆中留存的，是襄阳之战的惨烈，是常州屠城的苦难，是崖山永远无法弥合的创伤。他们眼前看到的，是新王朝对蒙古色目民族的优待、对北方汉人的轻蔑、对南方汉人的严酷打击和钳制。对于南方文化精英来说，这是一个至暗时代。

陷入穷困潦倒之境的前朝官员龚开，将深陷绝望的愤怒表达为《骏骨图》（图4-16）。画面中一匹曾经的骏马，如今已经饿得瘦骨嶙峋。尽管身姿都似乎在摇晃，但它却并不慌张，不忘自己本是难得的千里马，固执地在夕阳映照的河滩散步。[60]这是属于一位"遗民"的最后尊严。

文化和教养，在这个时代，对遗民来说，不是天意的馈赠，而是命运的诅咒。在任何一位14世纪初的南方文化精英眼里，

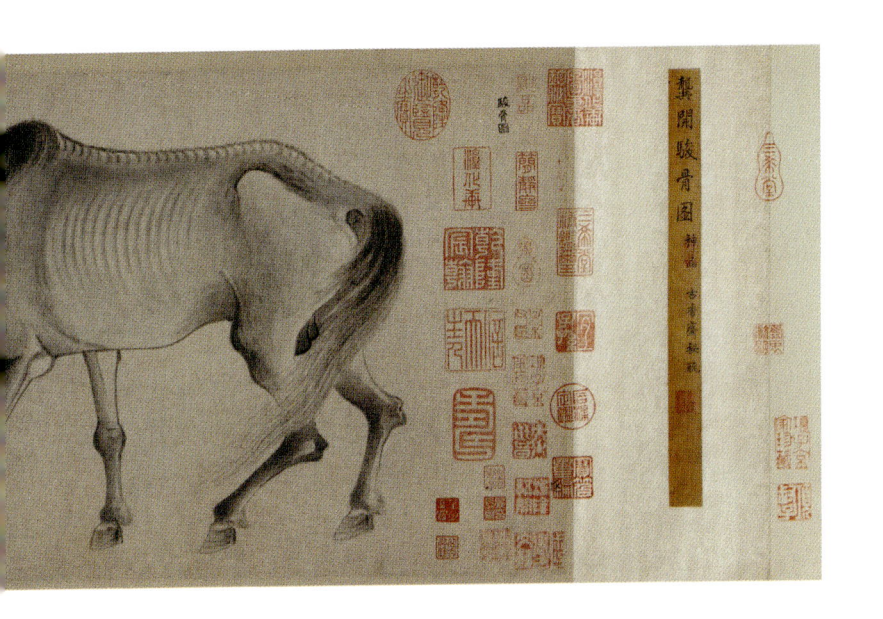

噩梦才刚刚开始。在时间的起点上，他们不可能知道大元的尽头就在五十年后。面对时运的残局，如何才能度过晦暗压抑的一生？这个眼前的现实，成了遗民们必须解决的精神难题。

开国之初，稍显开明。受到新朝关注的个别南方精英，得到了一次与皇帝合作的机会。公元1286年，富有远见的元世祖忽必烈，决定任用为数不多的南方汉人。他开列了一张清单，派御史前往江南，寻访最杰出的前朝遗民。尽管许多人最终选择了隐逸和躲避，但也有二十余人应征。其中名列榜首的，是三十二岁的青年赵孟頫。日后，他将彪炳史册，成为中国古代书画艺术领域承前启后的一代宗师。

赵孟頫一生中先后侍奉过五位元帝，取得了南方精英在元帝国所能达到的最高政治成就。然而，这条做元官的路，实在艰难。权力场上的妒忌和谗言自然不会少。与蒙古统治者之间

4-17 赵孟頫《鹊华秋色图》（元）

台北故宫博物院藏

说不清道不明的隔阂也实实在在摆在那里无法消除。更痛苦的是，自己毕竟是宋室后代，此番出仕新朝，多少背负着失节的瑕疵。不管官当得多大，从始至终，一种坠入尘网、比似笼鸟的心理感受始终笼罩着他。[61]

内心的挣扎固然不堪，但对于赵孟頫来说，倘若在权力的折冲中，能为天下百姓谋得一线太平生机，岂不也十分值得？可是谁又能懂得自己内心这番挣扎中的坚守？作为一位文化修养极高的南方精英，赵孟頫将自己这份心灵上的为难和苦楚，表达在诗作、书法和绘画作品之中。

公元1295年，刚从济南卸任的赵孟頫回到江南，见到隐居不仕的好友周密。周密虽祖籍济南，却从未回过自己的故乡。赵孟頫于是为他创作了《鹊华秋色图》（图4-17）。这幅表

画作映照出了一个放下了节操负担出仕新朝的"遗民"内心真正的志趣：他要像画中的华不注山和鹊山那样，卑微却不可或缺地伫立在朝堂中，看守苍生难得的太平日子

现秋日济南风光的设色山水，氛围静谧平淡。在两座不高的小山所拱卫的平川湖泊上，羊群悠然，渔舟荡漾。平凡的人们就在此间劳作中度日。或许好友周密能读懂，这正是一个搁下了节操负担出仕新朝的遗民内心真正的志趣。他要如同画中的华不注山和鹊山那样，卑微却不可或缺地伫立在朝堂中，看守苍生难得的太平日子。

心志高洁的人，不是在所有时代，都能在世间的尘网里翻滚。公元1323年，晚年终于如愿归隐的赵孟頫去世。此后的元帝，逐渐失去统治帝国的兴趣。他们不佳的健康状况，也加剧了国政的不稳定。贪婪愚蠢重新把持了朝政，污浊在整个社会翻腾。公元1333年，在经历了十年间更迭六位皇帝的混乱后，元帝国终于迎来最后一任君主。

元顺帝即位之初，帝国的局面一度有所好转，之后，以更快的速度下坠。朝廷中发生的腐化和堕落日益严重，流散到天下，化作百姓的饥饿和苦难。到了公元1350年前后，富庶的江南已是一片令人绝望的土地，充斥着腐败、残暴和饥荒。在频遭劫难和讹诈后，感到厌倦的天才画家倪瓒，再也受不了污浊和龌龊。他散尽全部的家财，从此乘一叶扁舟，漂泊于太湖水畔。

倪瓒是一个在生活和人格上有着双重洁癖的人。他不允许心爱的树木沾染物理意义的灰土，更不允许自己的心灵蒙上精神意义的尘埃。二十多年的太湖漂泊岁月，使这个本就孤僻的老人内心变得更加空无。无论社会风云如何涤荡，世间的纷扰没有一毫能渗进他这颗孤寂的心中。

公元1372年，即将离世的倪瓒，心灵早已从对外物和人伦的一切牵累中彻底逃逸。他画了一幅《容膝斋图》(图4-18)，宛如自己无声的遗言。尽管此刻已是朱元璋颁布"洪武"年号的第五年，但一颗"只傍清水不染尘"的心，不会允许印刻着君权的社会化时间沉淀在自己的意境里。倪瓒给这幅画落款的时间是"壬子岁七月五日"。这是自然和天道的纪年。

这幅氛围寂寥的画，再一次重复了画家标志性的"一江两岸"式构图。彼岸也许清秀悠远，但并没有可乘的舟船去往那里。此岸萧瑟的树与石旁，则有一间可供容膝的草亭。它虽狭

4-18 倪瓒《容膝斋图》
（元）

台北故宫博物院藏

此岸萧瑟的树与石旁，有一间可供容膝的草亭。它虽狭小局促，却也从容不迫，仿佛一则寓言，诉说着一个从宇宙视角才能窥探到的秘密：每个人都是此生的匆匆过客，仅此而已

屋角春風多杏花小齋容膝
度年華金梭跳水池魚戲影風
梢林澗竹斜暉䔥䔥兩鬢岸鳥紗而今不二韓
康濱市上聽盡朱陳許由寅三
聘時將以羽儀攜以為朱索
仲醫師且錫山
會睽離則仁仲燕
歸玟鄉登斯齋
晶為仁仲壽當
堅吾志也雲林子瓚

壬子歲七月五日雲林生寫

小局促，却也从容不迫。这间不知容纳何者的草亭，不属于任何人，但也属于所有心有灵犀的人。它仿佛一则寓言，诉说着一个从宇宙视角才能窥探到的秘密：每个人都是此生的匆匆过客，仅此而已。[62]

从龚开、赵孟頫到倪瓒，耸立着中国绘画史时间线上的元帝国。三人的身份、境遇和生活环境相差巨大，但逃逸出尘网的羁绊，从污浊龌龊和诸般不得已中挣扎出来，求得一间草亭以容膝，却是他们共同的向往。[63] 对于龚开、赵孟頫来说，宋帝国遗民的身份意识，始终困扰着自己的行动和选择。他们内心的不如意中夹杂着太多"夷夏之辨"。但对于倪瓒而言，事情变得既更加简单又更加复杂。性格的孤僻实际上是人格努力超拔成超人而在心灵上留下的投影。终其一生，倪瓒都不是任何尘世帝国的遗民。他是彼岸世界在此世的遗民。不幸就在于，如同他自己都意识到的那样，这个彼岸世界也许并不存在。

"遗民"是被抛弃者的自我感受。但这种身份意识也会妨碍他们正确理解这种感受的实质。遍布宫室朝堂的污浊和龌龊，流散在日常生活中的人类偏见、恐惧、失望、贪婪、残忍，是每一个时代、每一片土地上的人都会面临的现实。它们不是元帝国统治下江南的特产，既不会随帝国的溃败而遁入草原，也不会因心灵对此岸的抛弃而烟消云散。每一位试图在污浊包裹的世界中保持内心洁净和高尚的人，都必将面对"如何自处"的难题。

在浊世的洪流中，人应当如何自处？如何维持他内心的秩序、统一和完整？失去一切的龚开以充满艺术品位的愤怒作为回应；仕途得意的赵孟頫通过诗书画在内心自我辩解；性格孤傲的倪瓒则在物理和精神上将自己与尘世完全隔离。作为宋代士大夫文化涵养出的南方精英，他们都在努力化解这个问题。但是，这些解决方案不仅不可复制、难以模仿，而且充满了文化精英主义色彩。下一个时代即将来临，一位天才哲人将以无尽的苦难和坎坷为代价，在思想世界为每一个普通人找到解决这个问题的答案。

公元1507年的一天晚上，在贵州西北部龙场驿附近的一座钟乳洞中，一位叫作王守仁的三十七岁男人，又一次静静端坐在那里沉思。从来到龙场驿发现这个钟乳洞起，他就喜欢上了这个地方，给它起名"阳明小洞天"，以示对家乡绍兴阳明洞的怀念。后人也因此称他为阳明先生。在这小洞中，像这样的端坐静思，他已经体验了不知多少次。

阳明先生原非本地人。当时正是明武宗正德年间，皇帝嬉游，宦官弄权。前一年，一众大臣实在看不下去，上奏弹劾大太监刘瑾。随后，皇帝的偏袒，刘瑾的报复，文臣们的据理力争，反复拉锯上演了几轮。一身正气的兵部主事王阳明也参与进去，上了一道奏疏。与许多人指桑骂槐不同，阳明的奏疏直陈君过，引发武宗震怒，将他打入锦衣卫大牢，关了四十多天，又打了四十廷杖后，才发配到这边远、荒凉、艰苦的龙场驿来。[64]

阳明出生于一个书香世家。十岁那年，父亲王华就中了状元，并且深受孝宗皇帝器重。阳明耳濡目染，立下极大的志气。有一次，他问私塾老师，做什么事才算天下第一等人？老师说，像你爸爸那样中状元，就是第一等人。小小年纪的阳明断然反驳说：状元科科有，不足为奇；做个圣贤，才算第一等人！

那时，私塾中的阳明还不知道，做圣贤的路究竟该怎么走。但私塾所提供的教育，已是得到官方认可的标准化"程朱理学"。在朱熹手中集大成的宋代理学思想，早在两个半世纪前就已经北传。[65] 朱熹的《四书章句集注》，也已成为科举考试乡、会两试的指定教材和命题根据。少年阳明，对教材中教导如何成圣贤的《大学》篇，再熟悉不过了。

既然连圣人朱熹在对《大学》的注解中都说，通过格物致知掌握"天理"就能成为圣贤，少年阳明当然认为值得一试。十七岁左右时，阳明和一位同辈朋友商定，就从父亲官署庭前的竹子着手，开始他们成为圣贤的路。两人站在竹前，目不转睛，冥思苦想。站到第三天，朋友病倒，遗憾退出。阳明继续坚持，到了第七天，终于也病倒了。阳明对自己很失望，觉得既然"八目"的前两步都过不去，那么成为圣贤简直不可能了。

一年后，阳明奉父命到江西南昌迎娶自己的夫人。在南昌短暂住了一段时间后，他携夫人返回浙江家乡。返程路过上饶时，阳明专门去拜访了住在此地的大儒娄谅，请教格物致知。娄谅告诉阳明，朱子说的格物致知，不是盯着东西看，好像人能用目光把天理给抠出来，而是指遍读儒家圣典，尤其四书五经，把天理从经书中一点点给体会出来。在这次极为重要的谈话中，娄谅还告诉阳明，圣贤的确是可学的，但关键是要循序渐进有章法地读书。恍然大悟的阳明，又有了成为圣贤的信心。

回到家乡的阳明开始了苦读。但随着读书的日渐深入，阳明却越来越感到，对儒学经典日夜苦读式的格物，除了获得支离破碎的知识，似乎并不能真正成为圣贤。这个发现，其实早就被朱熹的同时代人陆九渊觉察到。但明代提倡朱学、压制陆学，少年阳明只能靠自己的洞察，捕捉到这一点。

阳明此刻体会到的，是一个事关根本的问题。儒家经典《中庸》中有这样一句话，说一个真正的儒家圣贤，一定要既尊崇内在品格的德性（"尊德性"），又努力去学习一切知识（"道问学"）；既获得广博的知识，又掌握其中的精妙微巧之道；既能无比聪明伶俐，又在行事中遵从中庸之道。[66] 这段集中体现了儒家"博学"思想的话，表面看似圆融不二、辩证统一，其实却呈现出"获取德性"和"获取知识"这两件事之间的内在矛盾。

对于朱熹来说，"道问学"是"尊德性"的前提；获取知识、掌握天理，是一个儒者在人格上与天理合二为一、成为圣贤的必要准备。但阳明的怀疑恰恰就指向这一点。作为一个既立志做圣贤、又孜孜苦学的年轻人，他已经意识到，有知识的人不一定有德性；积累知识并不一定能使一个人成为品德高尚的人。他不明白，像搜集宝贝那样搜集知识，为什么就一定能够在一个人的内心中激荡起引发精神突变的风云，使他成为圣贤？毕竟，一个人可以通过读书"知道"很多事情，但这并不因此会让他变得"更好"。

似有似无的圣贤路，又中断了。

阳明的一生，除了念念不忘成为圣贤，也对一切人类精神生活方式充满兴趣。他写得一手好书法；模仿难以模仿的倪瓒作画可以乱真；诗词一流，口才绝佳，言说直指人心；内心中甚至还充满游侠骑士的浪漫。除此之外，他也对佛道思想始终保持着浓厚兴趣。

圣贤之路第二次中断后，阳明在佛道思想中沉迷了相当长时间。那时,他向往佛教的出世和道教的隐逸,也对成为神仙充满热情,一个人躲在绍兴阳明洞中静修。奇妙之处在于,越是在佛道修行的路上走远,阳明就越能洞察到佛道思想的缺陷。这种反思的源泉,是他挥之不去的孝心。

阳明生活在一个异常具有温情的家庭。祖父和祖母对他疼爱有加,父亲的严格刚毅也满含信任和温情,一生都不计生死安危地支持他的决定。人伦和日常,对于阳明来说,不仅不是一张急于摆脱的羁网,反而赋予他此世生活的坐标。在隐居阳明洞的这些日子里,阳明极为认真地思考了人伦日常与出世隐逸这两种生活的含义。最终他认识到,孝悌之心是人性最根本的定义。[67]儒学和儒家生活方式,才是正确的选择。

既然朱熹的格物致知走不通成为圣贤的路,而儒学和儒家生活方式又是人性必然的选择,那圣贤之路到底在哪里?

从再次立志成为儒家圣贤,到困居龙场驿,这中间充满了身体和精神上的苦楚。在丛林环绕、瘴气充盈、偏僻贫穷、尚未开化的龙场驿,阳明日夜反思自己自幼以来的心路和磨难。京城传来的消息也让他不安。父亲已经被免除官职,宦官刘瑾对王门的迫害已经开始,跌落政治谷底的自己,随时都有可能被结果了性命。尽管死生大义以往的圣贤都讲得很清楚,但临到自己身上,似乎还是做不到《孟子》所说的"不动心"。在钟乳洞中静坐的时候,他想琢磨明白,到底怎么才能打破"尊德性"和"道问学"的尴尬分离?他问自己,如果伟大的古代圣贤困于他的处境,他们此刻又会怎样面对?[68]

就是在公元1507年的这天晚上,静坐中似梦似醒的阳明,突然开悟。他认识到,天理并不是因被圣贤说过、被经典记过而成其为天理。天理其实就在一个人自己的"心"里。就像孟子所说，一个路过水井的人，若是见到有小孩快要掉进去，会自然而然地产生担忧和同情，奋不顾身地会施以援手。[69] 这是一个人"本心"的自然流行，无须掌握诸如"人要同情他人"这样的外在道理。心即理，心外无理！

这一个被后世称为"龙场悟道"的夜晚，揭开了阳明"心学"思想的大幕。

就像阳明自己指出的那样，所谓的"心"，并非器官意义上的人体构造。[70] 在古代中国的科学想象中，"心"的概念涵盖意识所及的一切领域。所谓的"心即理"，并不简单指一切在意识世界中活动的观念和想法都是天理。所谓"心外无理"，更不是佛学所说的心外无物、万法皆是幻化的心相。[71] 在概念还不精确的古代思想世界，阳明通过这些词句想表达的真实意思是：意识赋予外部世界以意义；世界表现出来的秩序和意义，只有依托人的意识世界才存在。离开了人的意识，世界没有秩序，天理自然也就荡然无存。

许多年后，画家董其昌从"心即理"的思想中，体悟出一种新的绘画表达方式。他按照"表达画家心中自然，而非表现自然本身"的标准，建构了一条理解山水画的新线索，被称为"南宗画"。

本来，在诸如郭熙这样的传统山水画家看来，山水画的一个重要价值，就是为深陷尘网无法自拔的士大夫，提供心灵栖息之所。他们相信，目光在画面上的游移，实际上也是身体经由幻想进入画面的契机。更早的南北朝时期，画家宗炳就将这种观赏方式称为"卧游"。

董其昌在心学思想的鼓舞下，指出宗炳、郭熙所提倡的这种观念，误解了山水画的真义。山水画的全部意义，是表达画家心目中理想的世界和人伦秩序，不管这种秩序在真实世界是否存在。

在他绘制的典范之作《夏木垂荫图》（图4-19）中，这一新观点获得了集中表达。尽管山林中点缀着几间无人的空屋，但画面中找不到一条通往屋子的道路。这是一个不可居、不可游的世界，它是画家心灵世界的倒影。在心灵之外，它不存在；在心灵之中，它实实在在。

尽管董其昌发挥得很远，但阳明本人并没有兴趣站在宇宙论的角度定位自己提出的心学。[72]对阳明来说，最有意义的问题始终是如何在人伦世界中成为圣贤。因此，发现"心即理"，首先意味着他已经充分认识到，为了解决理学家提供的圣贤之路的不足、弥合"尊德性"与"道问学"之间的差距，从逻辑上讲，意识世界中就必须有一个绝对至善至洁的本体存在。只有依靠这个意识本体（"心体"），普通人转变成为圣贤的过程才能不假任何外物，而自觉自主地发生在他自己心灵的内部。

阳明坚定地认为，意识本体是至善至洁的，也可以说是无善无恶的。这个观点的基础，是对什么是善、什么是恶的独特理解。在阳明看来，善是天理的自足，而恶在本质上，是意识由于深陷某种被遮蔽状态、缺乏对善的感知所造成的后果。因此，对意识本体来说，就其没有匮乏这一点而言，它至善至洁；就其充分自足这一点而言，它无善无恶。

按照这个见解，人的最大不幸就在于受到蒙蔽，认识不到意识本体就藏在他自己的心里。这些不幸的人，像一棵没有根

"心学"的拥趸董其昌认识到,山水画的全部意义,是表达画家心目中理想的世界和人伦秩序,不管它是否真实存在。在心灵之外,它不存在;在心灵之中,它实实在在

4-19 董其昌《夏木垂荫图》
（明）

台北故宫博物院藏

的芦苇，日日夜夜都在尘世的欲念纠缠中漂浮摇摆。在他们的意识世界，本体的清澈澄明早已与驳杂的激情和欲望混在一起，以至于混沌不堪。因此，对于他们来说，成为圣贤的关键，就在于感受到意识本体的存在，并竭尽全力去恢复它的清澈澄明。人，必须在自己的意识世界中，不断地克除那些卑劣和渺小的东西，坚守那些高尚和伟大的东西，一刻也不能停息。

洞悟到这一切的阳明，更加确信朱熹误解了格物致知的本意。他宣告，格物致知的真正意思，是通过克服自己夹杂私欲的心，努力让它回复本体状态，成为昭彰天理的真正源泉。也只有这样，一个人的所知和他的所行，才能真正合而为一。自庭前格竹起就困扰阳明的巨大难题得到了解决。成为圣贤的目标，终于在思想隧道的尽头重新点燃，变得清新明亮。

不过，这个意识本体究竟是什么？它到底是逻辑为了追求一致而不得不采取的理论虚构，还是实实在在存在于人心之中从而可以被把握、被体验的具体意识？"龙场悟道"还没有解决这些问题。心学更精粹的辉煌，要等到人世间更大的磨难降临到阳明身上。

龙场驿的生活持续一年半就结束了。命运在谷底终于开始反弹，此后阳明屡屡升迁。公元1519年，宁王朱宸濠发动叛乱。阳明奉命平叛。愚蠢颟顸而刚愎自用的朱宸濠，远不是阳明的对手。叛乱只持续了43天即告结束。朱宸濠被生擒。然而，还来不及庆祝大捷，阳明就遭遇了一生中最严峻的险恶。

此时的宫廷，虽然刘瑾已被处死，但武宗任用奸小、信赖宦官的毛病丝毫没有收敛。宸濠之乱爆发后，新掌权的宦官怂恿皇帝亲征平叛。战事过早结束，令兴趣盎然的武宗大为失望。他一意孤行，要借机南下，过一把英雄瘾。为了讨好皇帝，宦官们下令阳明立即在鄱阳湖上交接俘虏，打算接收后将宁王放掉，再让武宗亲手抓获。

没有一个正人君子能接受这种有违天理的荒唐。阳明因而深深得罪了皇帝身边的奸佞群小。在武宗以"亲征"为名驻留江南的14个月里，宦官们多次设计，甚至不惜向皇帝造谣说阳明有谋反之意，几次将阳明置于生死险境。一代心学宗师此刻的处境，已若疾风中驾驶破舟的无助船夫，除了奋力压住舵柄，再没有其他办法可想。

也正是在异常惊险的局面淬炼下，阳明心学又一次被拔升上了新的思想高度。公元1520年春夏之际，武宗仍驻留江南，奸小的算计和迫害远没有停止。但在和前来看望他的弟子陈九川谈话时，阳明却说："良知"是一个人心灵的家底，只要人不刻意蒙骗欺瞒它，扎扎实实按照它的指引去做，善就一直存在，恶就无影无踪，心就会始终稳稳当当、快快乐乐。[73]阳明已经悟到，意识本体就是一个人自己的"良知"，成为圣贤的关键就在于"致良知"。"龙场悟道"遗留的问题得到了解决。心学终于达到了最后的成熟。[74]

良知的观念最早出自《孟子》，指不依赖于人的生活经验、不依赖于人的主观努力而自觉自发表现出来的一种意识倾向。[75]但对于阳明来说，除了这层意思，良知还是意识世界中最为公正庄严的部分。它没有任何自己的偏私。任何夹杂偏私的意识都是对良知的遮蔽和掩盖。也正因此，它评判是非、指引是非，但却从不参与是非。它指引人的行动和意念，但无论人如何行动、生出何种意念，都不会破坏它本然的至善至洁。

良知唯一的大敌，是人心面对世事时的私心和私欲。这私心和私欲无处不在，酷似山中潜伏的贼。但心中贼实在太过狡猾，远比山中贼难破。它渗透在一个人日常周遭生活的方方面面，可能直接显现为贪图财货的功利，可能乔装成与人论辩争胜的傲慢，可能打扮成唯我独尊的狂悖，也可能化装成惜命畏死因而不敢秉公办事的乡愿。一个人只有始终以"诚"的态度对待自己，不自欺、不欺人，时时刻刻提防着私心和私欲的侵袭，他才能发现，良知其实就像一面镜子一样，一直挂在自己意识世界的中心不曾离开。良知是所有人共同拥有的宝藏。只要努力发现它、守护它、接受它的主宰，狠狠克制自己的私心和私欲，那么，每个人都可以成为尧舜。

心学发展到"致良知"学说时，阳明虚岁五十。孔子曾在《论语·为政》中说，"吾十有五而志于学，三十而立，四十而不惑，五十而知天命"。自幼就饱受肺结核折磨，两次会试都为妒忌者压制而不中，终生在险恶仕途中颠簸羁縻的阳明，此时终于洞彻了他的天命。从此，他摆脱一切私心和私欲，不讨好任何人，不畏惧任何事，不在乎任何妒忌和排挤，以"狂者胸次"，凭良知处世。[76] 尽管世人施加的难堪和屈辱还远没到极点，但阳明已经找到在疾风骤雨中支撑心灵舵柄的最后法宝。[77]

在提出"致良知"学说前后，弟子蔡世新曾为恩师绘制了一幅肖像画（图4-20）。此前已有许多画师试着为阳明绘像，但都不够贴切。蔡世新作画时，特意侧写阳明面容，使先生的颧骨冷峭耸立，凸显出来。一个铮铮铁骨、无所畏惧、得道而行的阳明，跃然纸面。对这幅肖像画，阳明感到很满意。

公元1527年，已经病入沉疴的王阳明，最后一次应朝廷征召，准备率部前往广西平叛。此前，阳明已将自己毕生学说要旨概括为"无善无恶是心之体，有善有恶是意之动，知善知恶是良知，为善去恶是格物"四句话。但弟子王畿和钱德洪二人，在理解上还存在分歧。

王畿认为，老师说的话似乎不够充分。既然意识本体无善无恶，那么说到意识的发动、感知和纠偏时，就不存在有善有恶、知善知恶、去善去恶的问题了。从意识本体中自然发动心意、自然感受良知的运作、自然应对事物，就足够成为圣贤了。

钱德洪则认为，老师的意思是对的。意识本体本来是无善无恶的，但意识世界在日常世界中沾染了很多私心杂念，所以本体就被遮蔽了。因此，每个人都必须在分别善恶、守善除恶上下功夫，努力克除意识世界沾染的私心和私欲，这样才能恢复意识本体，成为圣贤。

听说弟子的认识分歧后，自知此去难返的阳明，将两人找来，在出征前的一个晚上，与他们在绍兴天泉桥上做了最后一次谈话。阳明告诉他们，如果是一个天赋异禀的"利根之人"，那么按照王畿的理解就可以了。但对于每一个普通人来说，必须要注重在日常生活的点点滴滴中克除私念，按照钱德洪的理解去修养。说完之后，阳明还特意补充强调，世间大部分人都是资质普通的人，所以千万不要轻易采取王畿的理解，否则心学的精神一定会流于狂悖空疏。

这是阳明对自己心学思想的最后定论。目光如炬、精通佛道的他此时已经洞察到，在自己的身后，一些对人性的复杂性缺乏严肃认识的人，会在轻率的自信心驱动下，沿着王畿的思

4-20 蔡世新绘王阳明肖像轴（明）

上海博物馆藏

"心学"发展到"致良知"学说时，阳明时年虚岁五十。尽管世人施加的难堪和屈辱还远没有到极点，但阳明已经找到在疾风骤雨中支撑心灵舵柄的最后法宝

路,将心学中"克己复礼"的儒家底色彻底剥除,使它完全蜕变成"狂禅"之类的邪说。

阳明没有时间去纠正这种危险了,但他也已经向世人交付了自己对人性的真正信心。阳明相信,所有人的"心"里,都有一个叫作"良知"的光明本体。因此,他的心学,也就将所有挣扎在私欲尘网中的普通人,都当作了教化的对象。他鼓励每一个平凡的人,挺起勇气和自信,在自己的身上寻找面对命运和生活逆流的武器,以自己的"心"为光明的火炬,无所畏惧地照亮所有压顶而来的黑暗。

阳明用自己一生的苦难,将此世所有的古圣大儒、文士名流、乡野愚夫,推到了成为圣贤之路的同一条起跑线上。

从士大夫文化登上古代中国思想世界的舞台,到阳明心学完成新儒学精神的平民化,6个世纪已经过去。在这6个世纪中,中国文明最优秀的头脑,一代代接力,探索出独属中华民族的心灵生活方式,缔结了无数光彩夺目的思想果实。他们深信,对于中国人来说,生命的意义就在此生、此世和此刻。人无须彼岸或来世的救赎。在每一个奔波劳作的人身上,都隐藏着通往伟大和崇高的东西。

这些哲学思想的英雄,将那些比现实人性更高、更庄严的东西,称作"道""理"或"心"。他们庄严无畏地活在自己构造出的理念中,以绝学和往圣的继承者自居,护守着从我们祖先传下来的观念文化和精神气概。他们在尘世中自我超拔,在此岸寻找拯救苍生的办法。他们的共同信念,如果非要归结成一句话,大概没有能比大儒朱熹说过的一句来得更好的了:

万一山河大地都陷了,毕竟理却只在这里!

注 释

1
[美]谭凯:《中古中国门阀大族的消亡》,胡耀飞、谢宇荣译,社会科学文献出版社,2017年版,第219页。

2
《论语·子罕》:"子畏于匡,曰:'文王既没,文不在兹乎?天之将丧斯文也,后死者不得与于斯文也;天之未丧斯文也,匡人其如予何?'"

3
石介《中国论》:"闻乃有巨人名曰佛,自西来入我中国;有庞眉曰聃,自胡来,入我中国。各以其人易中国之人,以其道易中国之道,以其俗易中国之俗,以其书易中国之书,以其教易中国之教,以其居庐易中国之居庐,以其礼乐易中国之礼乐,以其文章易中国之文章,以其衣服易中国之衣服,以其饮食易中国之饮食,以其祭祀易中国之祭祀。"

4
[英]麦大维:《唐代中国的国家与学者》,张达志、蔡明琼译,中国社会科学出版社,2019年版,第63-64页。

5
韩愈在《论佛骨表》中,为了支撑"佛祖并不庇佑供奉者"的论点,采取了事例论证。他说,东汉以后奉佛的皇帝,没有一个活得长久。正是这一点,深深激怒了唐宪宗。《新唐书·韩愈传》:"帝曰:'愈言我奉佛太过,犹可容;至谓东汉奉佛以后,天子咸夭促,言何乖刺邪?愈,人臣,狂妄敢尔,固不可赦。'"

6
韩愈到达潮州后,听闻鳄鱼成灾,写下名篇《祭鳄鱼文》。

7
《潮州府志》:"元和十四年,刺史韩愈贬潮州。远地无可与语,闻大颠名,召至,留十余日,谓其能外形骸,以理自胜为难得。因与往来,及祭海神,至潮阳,遂造其庐。未几移袁州,复留衣服为别。"

8
葛兆光:《增订本中国禅思想史:从六世纪到十世纪》,上海古籍出版社,2008年版,第67页。

9
葛兆光:《禅宗与中国文化》,上海人民出版社,1986年版,第6页。

10
方立天:《中国佛教哲学要义》(上卷),中国人民大学出版社,2005年版,第372页。

11
吕澂:《中国佛学源流略讲》,中华书局,1979年版,第146-147页。

12
[日]忽滑谷快天：《中国禅学思想史》，朱谦之译，上海古籍出版社，1994年版，第82-84页。

13
但是要注意的是，禅宗所讲的念佛，不是观想佛的实相，而是观想无实相的佛。在这个意义上，念佛也就是不着于相的心性修炼。是否观想实相，实际上是禅宗与早期"禅"修习的重要区别。

14
《坛经》记载，神秀的偈语："身是菩提树，心如明镜台。时时勤拂拭，勿使惹尘埃。"

15
《坛经》记载，惠能的偈语："菩提本无树，明镜亦非台。本来无一物，何处惹尘埃。"

16
有心可修和无心可修是神秀禅与惠能禅的根本差异。参见洪修平、孙亦平：《惠能评传》，南京大学出版社，1998年版，第107页。

17
卢国龙：《道教哲学》，华夏出版社，2007年版，第362页。

18
朱良志：《南画十六观》，北京大学出版社，2013年版，第47—53页。

19
《文献通考·选举考》："唐士之及第者，未能便解褐入仕，尚有吏部一关。韩文公三试于吏部无成，则十年犹布衣；且有出身二十年不获禄者。而宋则一登第之后，即为入仕之期；其数之多如此，取之易复如此，则宋之以进士入仕者，其冗当数倍于唐。"

20
蒙培元：《中国心性论》，学生书局，1990年版，第263页。

21
[日]忽滑谷快天：《中国禅学思想史》，朱谦之译，上海古籍出版社，1994年版，第211页。

22
冯友兰先生曾指出，宗密在《原人论》最后对元气观念的讨论，对宋明理学思想具有极为重要的先导作用。参见冯友兰：《中国哲学史》（下），华东师范大学出版社，2015年版，第151页。

23
据说仅存的一幅真迹藏于日本私人手中。参见[日]伊势专一郎：《中国山水画史：自顾恺之至荆浩》，上海书画出版社，2020年版，第87页。此外，台北故宫博物院收藏了一件北宋画家临摹的荆浩作品《匡庐图》。

24
[美]方闻：《夏山图：永恒的山水》，谈晟广译，上海书画出版社，2016年版，第146页。

25

《宣和画谱》范宽:"前人之法,未尝不近取诸物,吾与其师于人者,未若师诸物也。吾与其师于物者,未若师诸心。"

26

[英]迈珂·苏立文:《山川悠远:中国山水画艺术》,岭南美术出版社,1989年版,第50-51页。

27

陈来:《宋明理学》,北京大学出版社,2020年版,第39页。

28

《太极图说》:"万物生生,而变化无穷焉。惟人也,得其秀而最灵。形既生矣,神发知矣,五性感动,而善恶分,万事出矣。圣人定之以中正仁义(圣人之道,仁义中正而已矣),而主静(无欲故静),立人极焉。"

29

唐君毅先生认为,宋儒始终坚持一种"以人道透视天道,以天道保证人道"的哲学思维。参见唐君毅:《中国人文精神之发展》,九州出版社,2016年版,第18页。

30

宋徽宗在图上题诗:"秋劲拒霜盛,峨冠锦羽鸡。已知全五德,安逸胜凫鹥。"

31

《张子正蒙》:"气之聚散于太虚,犹冰凝释于水。"

32

《近思录·卷一》:"屈伸往来只是理,不必将既屈之气复为方伸之气。"

33

朱熹曾批评张载的这一观点是陷入了佛教"大轮回",许多论者已经指出,这个批评有失准确。参见陈来:《宋明理学》,北京大学出版社,2020年版,第47页。但是,需要指出的是,二程的批判则具有深刻之处。参见杨立华:《宋明理学十五讲》,北京大学出版社,2015年版,第133页。

34

《林泉高致·山水训》:"世之笃论,谓山水有可行者,有可望者,有可游者,有可居者。画凡至此,皆入妙品。"

35

《周易·系辞上》:"生生之谓易。"

36

郭熙的《林泉高致》显著地受到《周易》影响,而二程也专门撰写过《周易程氏传》,借着注解《周易》表达自己的哲学思想。

37

陈来先生指出:"天地大化流行的过程,是一个客观的自然过程,无所主宰,不以人的意志为转移,在这个意义上,可说天地无心;但是,就天地以生物为本而言,阴阳交感,运行不息,也确实有个生物之心,这是客观的规律,自然的功能,也就是宇宙的心。"参见陈来:《仁学本体论》,生活·读书·新知三联书店,2014年版,第316页。

38
《程氏外书·卷十二》:"吾学虽有所受,天理二字却是自家体贴出来。"

39
何俊:《南宋儒学建构》,上海人民出版社,2013年版,第15页。

40
石守谦:《风格与世变:中国绘画十论》,北京大学出版社,2018年版,第117页。

41
同上,第119页。

42
孔颖达《毛诗正义·卷十六》:"孟子,古之贤大夫,而皆子思弟子,去圣不远。"

43
也正是孟子,明确指出"圣贤"可学。《孟子·告子下》:"子服尧之服,诵尧之言,行尧之行,是尧而已矣。"

44
[英]麦大维:《唐代中国的国家与学者》,张达志、蔡明琼译,中国社会科学出版社,2019年版,第59-60页。

45
《论语·述而》:"子曰:'饭疏食饮水,曲肱而枕之,乐亦在其中矣。不义而富且贵,于我如浮云。'"

46
《论语·雍也》:"子曰:'贤哉回也!一箪食,一瓢饮,在陋巷。人不堪其忧,回也不改其乐。贤哉回也!'"

47
《周子通书·颜子第二十三》:"颜子,一箪食,一瓢饮,在陋巷,人不堪其忧,而不改其乐。夫富贵,人所爱也,颜子不爱不求,而乐乎贫者,独何心哉?天地间有至贵至爱可求而异乎彼者,见其大而忘其小焉尔!见其大则心泰,心泰则无不足,无不足则富贵贫贱处之一也。处之一,则能化而齐,故颜子亚圣。"

48
《孟子·尽心上》:"君子所性,仁义礼智根于心。其生色也,睟然见于面,盎于背,施于四体,四体不言而喻。"

49
《论语·先进》:"点!尔何如?"鼓瑟希,铿尔,舍瑟而作。对曰:"异乎三子者之撰。"子曰:"何伤乎?亦各言其志也。"曰:"莫春者,春服既成。冠者五六人,童子六七人,浴乎沂,风乎舞雩,咏而归。"夫子喟然叹曰:"吾与点也!"

50
《朱子语类》:恭甫问:"曾点'咏而归',意思如何?"曰:"曾点见处极高,只是工夫疏略。他狂之病处易见,却要看他狂之好处是如何。缘他日用之间，见得天理流行，故他意思常恁地好。只如'莫春浴沂'数句，也只是略略地说将过。"又曰："曾点意思，与庄周相似，只不至如此跌荡。庄子见处亦高，只不合将来玩弄了。"

51
《中庸》："喜怒哀乐之未发谓之中，发而皆中节谓之和。"

52
韩愈在无法忍受潮州生活后，给唐宪宗上了心神慌乱、自贬自亵的《潮州刺史谢上表》，自称"臣负罪婴，自拘海岛，戚戚嗟嗟，日与死迫，曾不得奏薄技于从官之内、隶御之间，穷思毕精，以赎罪过，怀痛穷天，死不闭目，瞻望宸极，魂神飞去"。

53
《张子语录》："为学大益，在自求变化气质，不尔皆为人之弊，卒无所发明，不得见圣人之奥。"

54
何俊：《南宋理学建构》，上海人民出版社，2013年版，第7-8页。

55
李侗继承了杨时的看法，认为"未发"是指情绪思虑产生之前的心灵状态，因此主张以"静默涵养"来修身成圣。但朱熹受湖南学派的影响，认为就人的实际心理状况而言，情绪思虑在事实上不可能处于"未发"状态，因此，"已发"只是一种观念上对理想情绪思虑状态的指称，所以，正确的修身方法是"克己主敬"，在对待事物的庄重敬畏态度中体会"未发"的状态。参见陈来：《朱熹哲学研究》，中国社会科学出版社，1988年版，第二部分第一章。

56
陈来：《宋明理学》，北京大学出版社，2020年版，第23页。

57
同上，第112页。

58
参见杨立华：《宋明理学十五讲》，北京大学出版社，2015年版，第66-69页。

59
"读书"是朱熹心中"格物"的最重要方式，为此朱熹还提出了一套完备的读书法。南宋时人将其辑录，形成了《朱子读书法》一书。参见朱熹：《朱子读书法》，李孝国、董立平译注，天津社会科学院出版社，2016年版。

60
[美]高居翰：《隔江山色：元代绘画（1279-1368）》，宋伟航译，生活·读书·新知三联书店，2009年版，第9-11页。

61
参见[美]李铸晋：《鹊华秋色：赵孟頫的生平与画艺》，生活·读书·新知三联书店，2008年版，第

49-66页。

62
朱良志先生对倪瓒画中"此岸－彼岸"意蕴的读解深得"云林逸气"精髓。参见朱良志：《南画十六观》，北京大学出版社，2013年版，第95-134页。

63
赵孟頫五十五岁时以行书所书的《止斋记》中，就有"一容膝之斋，其中惟竹与菊是植，终日燕坐，诚可乐也"之句。这份珍贵的传世墨卷如今藏于上海博物馆。

64
对此的详细考证，参见束景南：《阳明大传："心"的救赎之路》（上），复旦大学出版社，2020年版，第六章。

65
开明的忽必烈还很年轻的时候，雄心勃勃，格外重视网罗儒学之士；蒙古军队南攻时，特别注意甄别俘虏中的儒生，发现后即送往北方。公元1235年，蒙军在江西德安抓到了一个叫作赵复的儒生后，礼送至当时的中都燕京。早前已得到忽必烈重用的北方汉人杨惟中、姚枢于是创建太极书院，邀请赵复讲学。从"二程"传至杨时，在朱熹手中大兴的南方理学，由此进入北方。此后，赵复终生没有仕元，默默在北方传布程朱理学。赵复对元代儒学的影响极大，不仅许多北方大儒都出自他的门下，元朝政府的不少高官也因为他而了解并认同了理学思想。

66
《中庸》："故君子尊德性而道问学，致广大而尽精微，极高明而道中庸。"

67
《传习录·下》："此孝悌一念，生于孩提。此念若可去，断灭种姓矣。此吾儒所以辟二氏。"

68
［日］冈田武彦：《王阳明大传：知行合一的心学智慧》，重庆出版社，2018年版，第250-255页。

69
《孟子·公孙丑上》："人皆有不忍人之心。先王有不忍人之心，斯有不忍人之政矣。以不忍人之心，行不忍人之政，治天下可运之掌上。所以谓人皆有不忍人之心者，今人乍见孺子将入于井，皆有怵惕恻隐之心。非所以内交于孺子之父母也，非所以要誉于乡党朋友也，非恶其声而然也。"

70
《传习录·下》："心不是一块血肉，凡知觉处便是心。如耳目之知视听，手足之知痛痒，此知觉便是心也。"

71
《传习录》中记载的一则说法，特别容易引起这一误解。"先生游南镇，一友指岩中花树问曰：天下无心，外之物；如此花树，在深山中自开自落，于我心亦何相关？先生曰：你未看此花时,此花与汝心同归于寂;你来看此花时,则此花颜色一时明白起来。"便知此花不在你的心外。"传统上,许多学者认为这段话似乎应和了所谓主观唯心主义的世界观,认为外部世界是意识的产物。但仔细研读不难发现,整个对话的要害在于"于我心何关"而非"花树是否存在"。用今天的哲学术语说,这段对话的真正关注点是在"外部世界如何与主体心灵建立联系"问题上。

72
高居翰在《气势撼人》中对董其昌画作与"心学"的关联做了有力的论证。参见[美]高居翰:《气势撼人:十七世纪中国绘画中的自然与风格》,生活·读书·新知三联书店,2009年版,第二章。

73
《传习录·下》:"尔那一点良知,是尔自家底准则。尔意念着处,他是便知是,非便知非,更瞒他一些不得。尔只不要欺他,实实落落依着他做去,善便存,恶便去,他这里何等稳当快乐;此便是'格物'的真诀,'致知'的实功。若不靠着这些真机,如何去格物?我亦近年体贴出来如此分明,初犹疑只依他恐有不足,精细看,无些子欠阙。"

74
一些学者从思想线索上论证,指出致良知学说是《孟子》良知说和《大学》格物说结合而成。陈来先生指出,致良知学说与阳明"经历了复杂事变所获得的深刻的个人体验密切相关,是他自己的生存智慧的升华,是心灵经历艰苦磨炼发生的证悟"。参见陈来:《有无之境:王阳明哲学的精神》,北京大学出版社,2013年版,第152页。

75
《孟子·尽心上》:"人之所不学而能者,其良能也;所不虑而知者,其良知也。"

76
《传习录·下》:"先生曰:我在南都以前,尚有些乡愿的意思在。我今信得良知真是真非,信手行去,更不著些覆藏。我今才做得个狂者的胸次,使天下之人都说我行不掩言也罢。"

77
王守仁:《王阳明全集》(上),吴光、钱明、董平、姚延福编校,上海古籍出版社,2011年版,第229页。此处收录阳明在给邹谦之的信中说道:"所幸良知在我,操得其要,譬犹舟之得舵,随惊风巨浪颠沛不无,尚犹得免于倾覆也。"

尾 声
阳明之后的世界

王阳明满二十岁的那一年，热那亚人克里斯托弗·哥伦布从西班牙西南海岸出发，开始了自己的冒险。他此行的目的地，本是东方的中国和印度，那里据说是一个遍地香料和黄金的天堂。经过70天的航行，哥伦布发现了一片岛屿。他以为自己到达了日本群岛，但其实那是还没有和欧洲文明相连接的土地：美洲。全球商业和贸易版图，从此发生根本改变。

公元1529年，饱受肺结核折磨的王阳明，在急迫归乡的路上离世。六年后，德意志人马丁·路德在欧洲出版了他毕生最满意的著作《〈加拉太书〉注释》。在书中，他凝练总结了自己的"因信称义"思想，再一次宣称，一个真正的基督教徒，只需要依靠自己在内心深处对上帝的信仰，而无须任何教会、教仪、教父的帮助，就能成为上帝眼中的圣人。个人主义的精神，于是在欧洲蔓延。

哥伦布和路德，两个毫无相似之处的欧洲人，无意间联手接生了一个新世界的到来。在这个新世界里，商人的地位节节高升，成为上帝的使徒；金钱的意义不断放大，化作世界的精灵；个人不再是匍匐在神圣秩序下的罪人，他们最终都将挺立，成为自己眼中宇宙的中心。

在商业革命和新教传播的推动下，17世纪的荷兰经济异常活跃发达。发了财的商人不仅要享受荣华，还想在思想世界将自己的行动合理化。1705年，新做派的代言人曼德维尔出版了《蜜蜂的寓言》，要表达的思想就写在了书名的小标题里："私人的罪恶，公共的利益"。发了财的人自信地宣告，沉迷于私心算计、贪图货殖利益，虽然对一个人自己来说，可能要付出灵魂堕落的代价，但对社会整体而言，却能推动文明的发展。现代资本主义，拥有了它的第一个代言人。

300年后的今天，世界已经被起源于欧洲的现代资本主义改造得天翻地覆。在或主动或被动地卷入全球市场的每一寸土地上，人都必须学会按收益—成本的原则开展理性化算计。这是货币发出的最高教导。

"货币是天生的平等派"。奉行新价值观的社会，无意间也成为一个平等主义盛行的世界。它前所未有地肯定并提倡勤勉、奋斗、审慎的价值。从此，一个理性化算计的优胜者，无论曾经有过什么样的出身、背景、肤色、性别，都能够单凭自己的智力和勇气获得财富和地位的褒奖。在这个意义上，不能不说，自我利益的觉醒，是现代个体挣脱束缚、获得解放的基础。

但与此同时，现代社会也否定了许多在传统上为人们所珍视的价值。在追逐自利的过程中，我们很多人不再将自己想象为宇宙中最为高贵的生灵，也不再去为这一高贵寻找精神世界的根据。我们的心灵越来越屈服于内在的激情，将自己仅仅看作一团由欲望集合起来、瞬息万变的快感体验中心，在其中体验着自身和世界的共同虚无。

这种对自利的一味追求，有时非常不幸地表现为不受节制、永无止境的私欲。私欲遮蔽了我们打量世界的眼光，使我们将美好而值得一过的此生仅仅当作争与夺的战场。丰富的人类感情、多样的人类联结形态，爱、友谊、感动，统统被降低为理性化算计的筹码和工具。

如果古代中国思想世界的先哲往圣还活着，他们对此会说些什么？他们会如何自处？

也许，他们还是会教我们做个"圣贤"。

就像王阳明在面对他已经感知到的那个晚明商业社会时所说的，天下的人心，本就同圣人没有什么区别，只是各自夹杂了一己私念，被眼前的物欲蒙蔽，才使人陷溺在自己的私心私欲中无法自拔，像仇敌一样彼此互视。[1]

古代中国哲学，对"人是什么"，有不一样的见解。人，作为一种依赖性动物，曾生活于一个黏糊糊的人伦世界。他曾作为父母兄妹存在，作为社会角色存在，在这些关系性而非原子式的存在方式中，获得他的义务，付出他的辛劳，施予他的牺牲。这是古代中国哲学对人性生活的根本看法。

从父子人伦这种每个人都能体会到的最原初、最日常的感受出发，把普天之下的每一个生灵，都当作自己的父母兄弟和姐妹，站在至公无私的天理上，用一颗至诚的仁心去对待他们，这是古代中国的往圣先哲留给后人最重要的思想遗产，也是未来中国文明超克现代资本主义文明的关键所在。10个世纪前，张载将这番道理概括成了四个字："民胞物与"。

阳明说，只要发乎"良知"，人人都能成尧舜。这毫不夸张。体会我们的日常，那些为父母为子女付出的点滴牺牲，那些为他人幸福而涌动的胸中热忱，不正是每一个平凡人自己的"尧舜时刻"吗？在这些光彩夺目的瞬间，一颗颗超拔于渺小自我的光明"公心"点亮世间，也赋予了人性生活更加丰富、充满质感的内容。这是一座座"无尽灯"，属于每一个世代的中国人。

因此，对于我们每一个人来说，不妨就让这"尧舜时刻"更多一点，更久一点。

注　释

1
《传习录·中》："天下人之心，其始亦非有异于圣人也，特其间于有我之私，隔于物欲之蔽，大者以小，通者以塞，人各有心，至有视其父子兄弟如仇雠者。"

后　记

文物，并不是僵死的"东西"。它们是一群曾经活过的人的思想、信仰和意图的表达，像琥珀一样，凝固了我们祖先眼中的宇宙、世界、他人和自己。中国文明和文化的DNA，就藏在这些琥珀里面。

在所有形式的思想、信仰和意图中，哲学是最精致的一颗明珠。哲学不仅是一种思想，更是一种思想能力，它来之不易。为了能够以哲学方式沉思，我们的祖先首先要使文字表意的方式变得精巧，使心灵反思的能力变得透彻。从拥有人性（humanity），到掌握这种思想能力，需要数千年的积累。

当第一位哲学家站在历史舞台上，人性也就跃升到前所未有的高度。从此，他们能提出最深奥、最根本的那些问题：人是什么？他们在宇宙中占据什么样的位置？此生的幸福如何获得？死后的归宿又在何处？

得益于精巧的汉字，我们的祖先以不同于西方文明先贤的方式，获得了属于自己的复杂思辨力。他们中最杰出的心灵，围绕这些最深奥的问题，产生出各种各样有关人性、宇宙、此生、来世的思考。

他们将自己的思考，视作对"道"的探寻。

道，不仅是试图讲给子孙听的条理井然的道理，也是他们希望子孙未来坚守的路。

他们是一群"求道者"。

求道者的道理，千姿百态，而求道之路，更是曲折漫长。求道者的故事，是一部哲学的历史，但这并不意味着眼下的这本书，只是又一部"哲学史"。

思想世界的运动，时时刻刻都镶嵌在生活世界的运动之中。有关人性奥秘的思考，在古代中国的不同生活世界语境中，不断被提出、被发扬、被忽视、被遮蔽、被遗忘、被再次激活。

伟大的求道者们，正是在对生活世界秩序变动的感受中，不断回应着思想和观念所承受的压力，从而实现古代中国思想世界的一次次突破。

在这个过程中，任何一种哲学思想的"登场"和"退场"，始终受到生活世界语境的调配。在经典与经典之间，在观念和观念之间，横亘着充满质感、变动不居的生活世界。经典和观念，正是在生活世界的语境中受到反复检视、反复诠释。比起传统哲学史叙事所倡导的那种从概念到概念、从命题到命题的线性解释模式，语境化叙事或许更符合哲学思想历史变动的实际状况。

所以，老庄思想虽形成于先秦，但只能等到文化精英进入生死难测命运反复无常的魏晋时期，才能步入思想世界舞台的中央；子思孟子的"心性"学说，必须等到佛道思想在中国文明中引发文化危机后，才会受到空前关注；"三夷教"的末世论哲学，无论以什么样的方式传播，都无法在中华世界成为哲学思想市场的主流；精英主义的朱子理学，则注定会在一个商业化、平民化的社会世界被简易直接的"心学"取代。

正如生活世界是一幕幕光彩夺目的人间戏剧，古代中国思想世界中的求道者故事，何尝不也是一幕幕人间戏剧？只是这戏剧更纯粹、更知性。

我希望写出一场古代中国思想世界的大戏，严谨却不严肃，使中国文明先哲往圣的追求和成就，能够通过最朴素的现代汉语，被他们的子孙理解。

我希望每一位困溺在现代分工制中、为了日常生活的幸福而不懈努力的人，在实属难得的闲暇中，能有机会感受到古代中国哲学精巧思想背后的精神生活魅力。

我希望他们如同在剧院欣赏一场典雅的戏那样，将现代文明伟大的发明之一——公共博物馆——当作聚光的舞台，在目光与文物的接触中，感受器物身上隐隐闪烁着的求道故事，触摸那一个个如今已经褪色、但却曾经喧嚣过的思想世界。

因此，在这本书里，我安排了18幕古代中国哲学的戏剧。每一幕背后，都站着一群苦恼的先哲往圣，面对着他们的时代最重要的精神难题。

舞台上的聚光灯，在不同的时期焦点有所不同。两汉时的求道者，更关注宇宙的样式，以及如何对应地在地上建起一个超大帝国。魏晋隋唐时，他们更关注抽象的本体论问题，以及如何使心灵悬搁在形而上的地方，逃脱变幻难测的尘世煎熬。宋元明代，焦点又转向心灵本身，他们苦恼于如何活出具有中国文明自身特色的心灵生活方式。

尽管聚光灯在舞台中央游移，但这18幕大戏始终连在一起。"宇宙论—本体论—心性论"，构成了这出大戏的三层结构。贯穿之中的根本线索就是对人性奥秘的困惑、思考和探寻。

在这出戏的开篇，我们的祖先被各种幻觉和奇想支配，心中有对上天的恐惧，也有对凡世的希望；有对此生幸福的眷念，也有对来世生活的憧憬。

在这出戏的结尾，无名的恐惧已经从他们的心里消失，他们下定决心，就在凡世和此生中展开自己的生活，活出中国人无与伦比的人性。

在这长达30多个世纪的理智化过程中，我们的每一代祖先，从没有忘记过"天"。只是，他们心目中的"天"，从想象中神灵居住的寓所，逐渐变成一个象征性的地理方位，最终又被用来仅仅表示某种相对于现实人性而言"更高的东西"。"天"最终被他们安顿在了人自己的心里。"天人合一"，以不断变更内涵为代价，成为古代中国哲学一以贯之的内在精神。

在大写的"天"中，成就个体之"人"充满人性的一生。这也许就是这些伟大的求道者，所希望传递后世的最后道理。这出上演在文物中的人性和历史的戏剧，也正因为这个朴素而高尚的道理，变得光彩夺目。

精神的戏剧可以热闹非凡，求道的路并不总是孤单。从构思到落笔，我的太太始终是第一听众、第一读者。她提出了许多品位不凡的建议，和我一起在古圣先贤的言辞与事迹中净化灵魂。那些读者或许感到有所触动的段落，首先就曾感动过她。凌皞和万东两位好朋友，多年来始终相信我的学术判断力，无条件地支持我的每一个选择和决定。他们也是书稿最早的读者。

三联是我人文知识的最初源泉，一直滋养着我的学术成长。当我还是一名高中理科生时，就已经是三联的忠实读者。

所以，王竞老师惠允责编，使我感到了巨大的幸运和责任。希望这本书不负她的信任与厚爱，能为从今而后遇到的每一位有缘人，点亮某盏心灯。

薛宇老师是一位你无法期待更多的美编。我们神会于这本书装帧设计的每一个艺术细节中。他将这本书打造成了我能想象得到的最好样子。《信睿周报》总编辑吴洋女史、中信美术馆馆长曾孜荣先生、南京六朝博物馆馆长胡阿祥先生、湖南博物院李丽辉女史、新亚人文书院主理人谭瑞岗先生以及我的学生令狐倚雪，他们不辞辛劳，为书中的文物找到了合适的高清图片。

许多年来，无论人格精神还是学术追求，林毅夫老师一直是我的标杆和榜样。2014年春节第一次见到林老师时，他教导我要立足中国经验做学问，做不辜负国家和时代的学问。那个时候，"中国学术自主性"这一问题还不像现在这样凸显其重要性，但林老师的话我都记在了心里。其实，"做伦理学"这一概念的酝酿和提出，以及由此而产生的"作为一种广义人文学的伦理学"新思路，就是在林老师的鼓舞下产生的。这本小书，努力将哲学、伦理学与艺术史融合在一起，也算是对"广义人文学"思路的一次具体尝试。今年8月，我向林老师呈送了书稿。林老师拨冗详阅并欣然题序，这对我而言，实在是莫大的肯定和鼓舞。

在这本书里，我将一颗诚心奉献给了读者。但这本书首先也是为我自己写的。孟子曾有"四十不动心"的自评。我还不能完全做到。然而，在不惑之年前后写作这样一本书，很大程度上也是一段自我教育、自我净化、自我超拔的难忘心灵之旅。近两年的写作时光中,"我手写我心"的从容和喜乐,实在难以言传。

再过些日子,我的女儿就要上小学了。在她进入幼儿园、步入人生社会化第一阶段的最初日子里,我曾感到忧心忡忡。我担心她在充满机巧和争心的世界中迷失自己,担心她在未来都市生活的名利场上捕风捉影。我急着想告诉她,怎样的人生才值得一过,怎样的信念才值得坚守,怎样的人才值得我们付出一生去爱。

三年来,无言的爱教会了我许多。在与女儿的日常相伴中,我感受着人性的质朴和天真。这份质朴和天真,并非无知和简单,而是一颗赤子之心。数十个世纪以来,古老的中国文明正是在无数有着赤子之心的人手中,被延续、被托举、被抬升。每一位求道的思想英雄,正是凭靠对这份赤子之心的坚守,才在命运的洪流中不致迷失。

这本书里,有我作为一个父亲所珍视的一切。所以,我把这本书题献给我的女儿,作为她升入小学的礼物。希望这本书能点亮她前行的道路,成为她构筑精神世界的一块基石。也希望在许多年后,求道者的故事仍然能够让她感动。因为那份感动背后,一定藏着一颗不曾磨灭的赤子之心。

我愿我的女儿,也愿中国文明的继承者们,能一直走向上的路。愿他们如横渠所说,"为天地立心,为生民立命,为往圣继绝学,为万世开太平"!

希望就在现在,希望就在未来。

2022年9月1日于广州

时间轴

- 埋藏 — 前45世纪
- 祖先 — 前24世纪
- 巫师 — 前17世纪
- 天命 — 前14世纪
- 哲学 — 前11世纪　老子 孔子 墨子
- 孝敬 — 前6世纪
- 宇宙 — 前3世纪　庄子 孟子 稷下学宫
- 帝国 — 前2世纪　荀子 阴阳家 纵横家　《吕氏春秋》《淮南鸿烈》　董仲舒　扬雄 桓谭
- 仙境 — 1世纪　王充 《白虎通义》
- 名教 — 嵇康 葛洪 道生 僧肇

16世纪前的中国哲学脉络图

王弼 郭象

山林
3世纪

佛教
摩尼教
景教

范仲淹
周敦颐
张载
程颐
程颢
苏轼
邵雍
司马光
王安石
程颐时

禅道
7世纪
天台宗
华严宗
禅宗
成玄英

丝路
8-9世纪

士大夫阶层
韩愈 李翱

10世纪

朱熹
陆九渊

圣贤
13世纪

天理
11-12世纪

"程朱理学"北上（渐定为元明清官学）
陈献章 湛若水 王阳明

信心
16世纪